LES DEUX TRIANONS

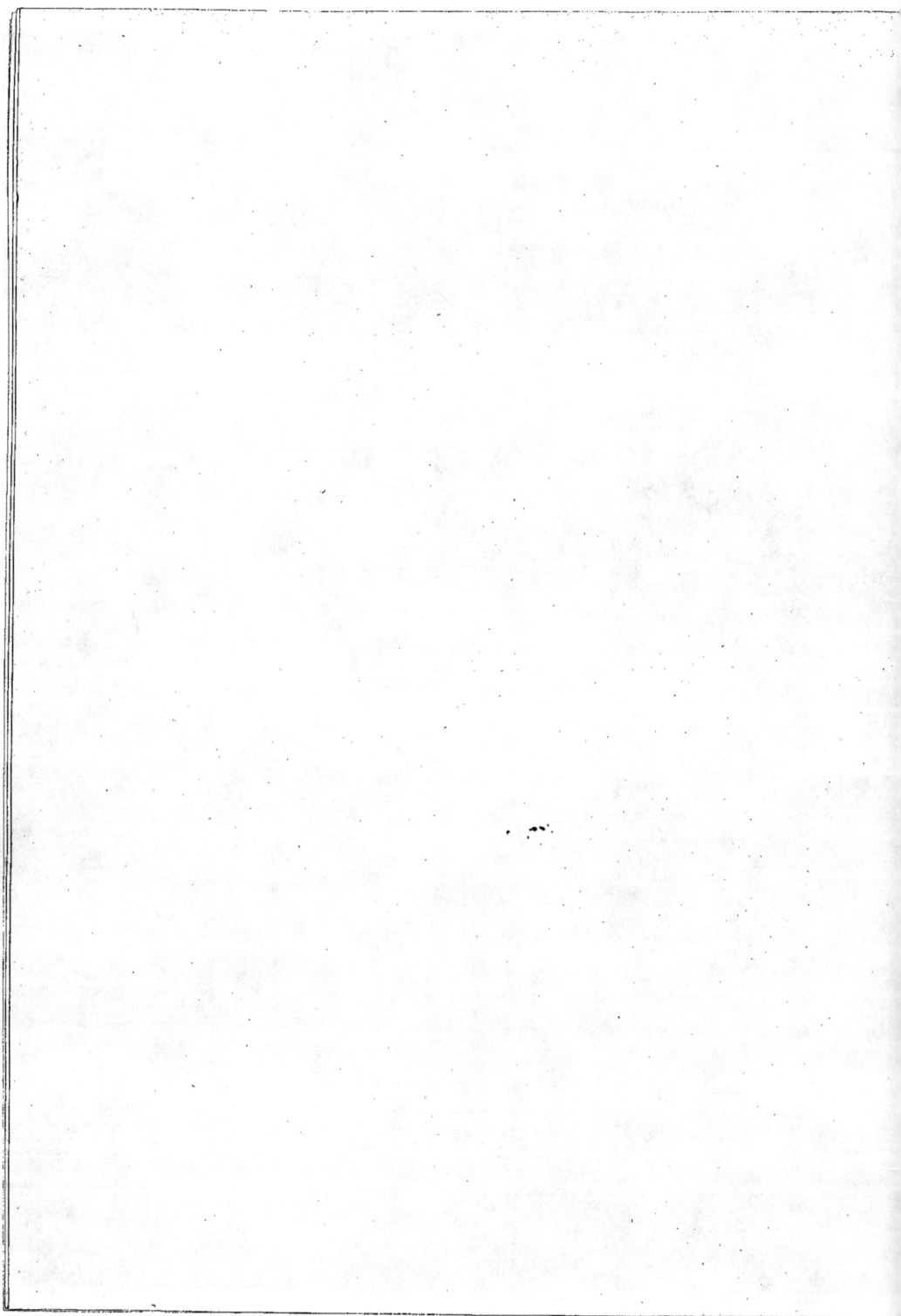

LES

PALAIS DES DEUX TRIANONS.

—

DOMAINE DE LA COURONNE.

1 8 3 7.

PARIS. — IMPRIMERIE DE L. E. THOMASSIN ET COMPAGNIE, RUE DES BONS ENFANTS, 34

—

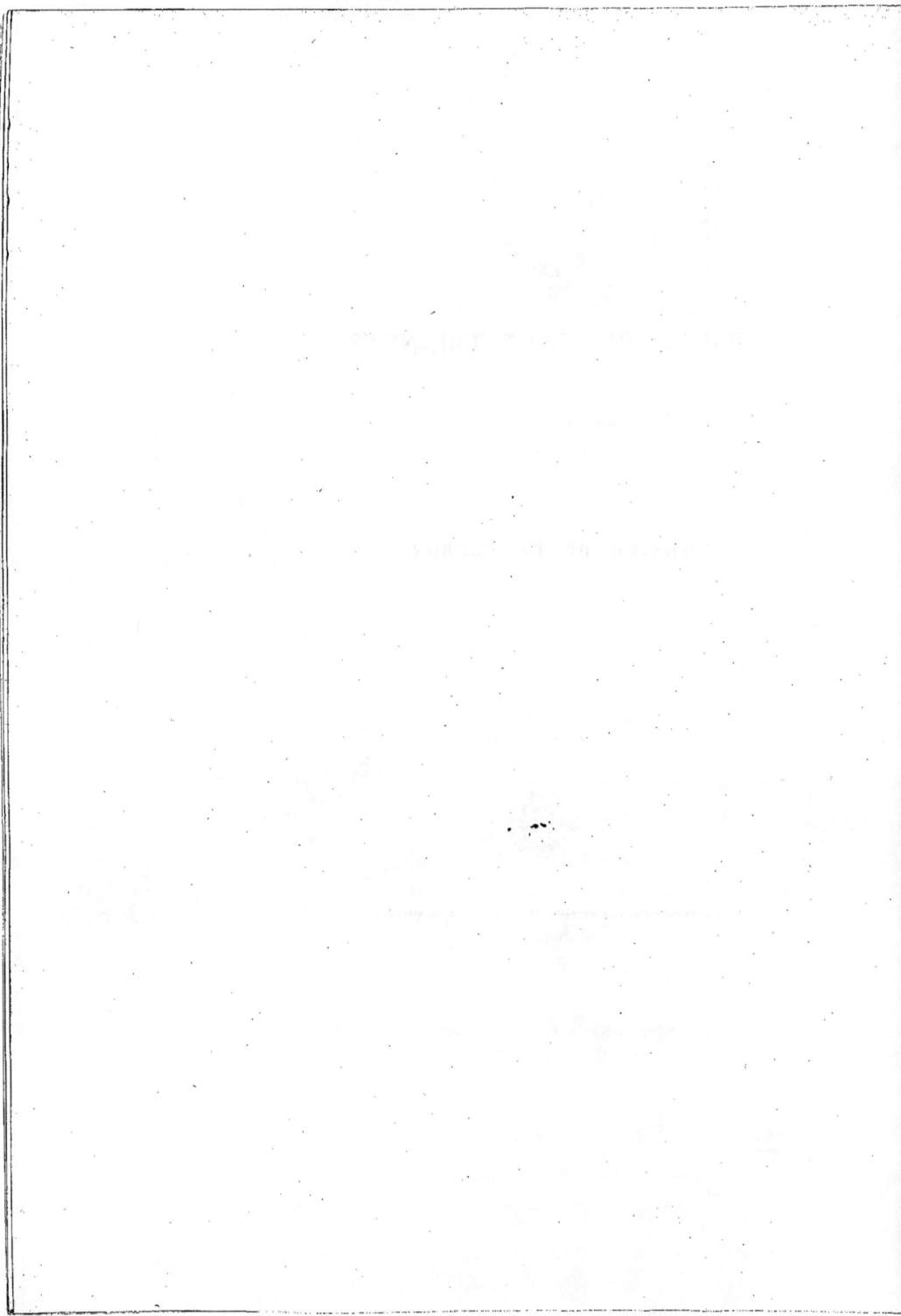

LES

PALAIS DES DEUX TRIANONS.

Les galeries, les salles et les appartements de l'immense Le grand Trianon.
château de Versailles, désormais consacré à toutes les gloires
françaises, ayant cessé d'être une demeure royale, le grand
et le petit Trianon, maisons d'agrément à l'extrémité nord-
ouest du parc de ce vaste palais, sont aujourd'hui la résidence que le roi Louis-Philippe, après de grandes difficultés
vaincues, a su disposer de manière à recevoir convenable-
ment sa personne, sa famille et sa cour.

Ces deux habitations royales, de très petites dimensions, Origine du palais de Trianon,
avaient été bâties l'une après l'autre, à des époques diffé-
rentes, par Louis XIV et par Louis XV, avec l'intention
d'y trouver, dans un espace plus resserré, des distractions
et des soulagements aux ennuis des somptueux et tristes appartements de Versailles. Elles remplissaient très imparfai-
tement le but de leur destination; car, malgré de grandes
dépenses, malgré la richesse, la profusion des matières et
l'habileté des artistes employés à les mettre en œuvre, les souverains qui voulurent, en différents temps, faire quelque
séjour dans les châteaux des Trianons, ont tous été forcés
de reconnaître que ces deux habitations, insuffisantes et
mal distribuées, étaient en tout fort incommodes, peu dignes et presque inhabitables. L'une et l'autre portaient, soit

dans leur ensemble général, soit dans la division particu-
lière des appartements, l'empreinte de l'inconstance, de
l'incertitude et du malaise qui leur avaient donné nais-
sance. Tout y paraissait, au dehors comme au dedans, dé-
cousu et hors de proportions, quoique, en plusieurs points,
on y dût admirer la main des plus grands artistes; il restait toujours à déplorer les mauvais résultats de tant d'efforts perdus.

Premier Trianon.   Le programme, d'après lequel Mansart a fait le Trianon
de Louis XIV, n'a jamais été net et précis; il a plus d'une
fois varié pendant la longue exécution des travaux, qui, souvent ralentie et même suspendue, n'a jamais été abandon-
née. Cet architecte eut d'abord à remplacer, par des constructions nouvelles, d'autres constructions qui avaient été
antérieurement élevées à l'une des extrémités du parc, dans
l'emplacement où quelques habitations éparses portaient le
nom de hameau de Trianon. Des terres voisines, qui appar-
tenaient aux moines de Sainte-Geneviève, ayant été achetées
par le roi, en 1663, avaient procuré l'espace nécessaire
pour agrandir les jardins de ce côté; et lorsque l'on com-
mença les fondations du grand Trianon, on eut à démolir la
petite maison, qui, comme le dit madame de Sévigné dans
l'une de ses lettres à madame de Grignan, sa fille, servait,
sous le nom du palais de Flore, à des collations et à des
réunions de plaisir. Ce lieu de délassement, dans l'enceinte
du parc de Versailles, était ainsi nommé parce que, entouré de bosquets, de jardins, de parterres ornés d'une immense quantité d'arbustes rares, d'orangers, de plantes et
de fleurs du plus haut prix, tout y annonçait l'empire de
la déesse à laquelle il était dédié.

Voici la description qui en est donnée dans la *Vie de Colbert*, imprimée à Cologne en 1695.

« Trianon est à l'autre côté du canal. Il y a dans cette ga-
« lante maison un enfoncement en demi-ovale ; aux deux cô-
« tés et au fond de cet ovale sont trois portes. Celle du
« fond conduit dans la principale cour, et celles des deux
« côtés dans les cours séparées qui règnent le long de l'ovale.
« Au bout des deux cours séparées, en suivant toujours
« l'ovale, on trouve deux portes qui donnent encore entrée
« dans la cour, au fond de laquelle est le principal corps de
« logis d'un seul étage, orné au dehors d'une si grande quan-
« tité de vases de différentes figures, qui toutes représentent
« de la porcelaine, que l'on ne voit autre chose. Le dedans
« de ce corps de logis est aussi peint en porcelaine, les mu-
« railles sont toutes couvertes de glaces ; il est aussi galam-
« ment que richement meublé. Il y a à côté deux pavillons
« carrés, dont la structure et les ornements répondent au
« corps de logis, et deux autres pavillons plus bas qui termi-
« nent le bâtiment par devant. Ce lieu était destiné pour y
« conserver toutes sortes de fleurs tant l'hiver que l'été ; on
« y en voit en toutes saisons. Les bassins sont ou paraissent
« être de porcelaine ; on y voit des jets d'eau qui sortent de
« plusieurs urnes. Les plantes, les fleurs et les arbustes sont
« dans des pots de porcelaine, ou dans des caisses qui
« l'imitent. On y voit encore de longues allées d'orangers en
« pleine terre, avec des myrtes et des jasmins en palissade,
« sous une galerie de charpente, qui demeure ouverte l'été
« et que l'on couvre l'hiver de fumier, pour garantir les ar-
« bres du froid. »

On doit voir, par ce récit très détaillé et facile à com-
prendre, que les magnifiques richesses de la maison galante
du premier Trianon étaient presque toutes de porcelaine.
Les galeries en charpente, qui couvraient des palissades d'ar-

bustes et de fleurs, ainsi que les arrangements des bâtiments
avec des toits dorés, dont quelques vues, gravées par Pé-
relle, peuvent donner une idée exacte, étaient des constructions légères, peu solides et d'un éclat éphémère, puis-
que, après dix ans de jouissance au plus, Mansart reçut l'ordre
de tout détruire, pour élever, sur l'emplacement du palais
de Flore, l'édifice que l'on voit aujourd'hui.

Construction du se-
cond Trianon.

Mansart, architecte.

Les bâtiments de la couronne étaient alors sous la surin-
tendance de Louvois, ce qui fait présumer que les travaux
de ce second palais ont été commencés vers l'année 1683.
On ne peut dire combien de temps ils durèrent, ou plutôt on
peut croire que Louis XIV, qui, comme l'attestent plusieurs
notices de son temps, s'occupait, avec une ardeur conti-
nuelle, des bâtisses et des embellissements de Trianon, aura
fait constamment travailler, jusqu'à la fin de ses jours, aux
constructions et à la décoration de la résidence qu'il avait
entièrement créée, et qu'il paraissait affectionner plus que
toutes les autres.

Nous avons cité ailleurs, sur ce sujet, la lettre écrite par
Colbert à son fils, le comte Dormoi, que ce ministre charge
de veiller, avec le plus grand soin, au bon état des eaux de
Trianon, dont le Roi est fort occupé, et qu'il doit, dit-il, aller
visiter incessamment: Nous avons également parlé, en décri-
vant les constructions de cette demeure royale, de l'anecdote
de la croisée, rapportée par plusieurs contemporains, et qui,
selon le duc de Saint-Simon, aurait amené la guerre désas-
treuse de 1688.

Sans chercher à mettre en doute un fait qui, malgré les
conséquences immenses qu'on lui attribue, ne pourrait être
facilement vérifié, nous avons regretté que le roi Louis
XIV, à Trianon comme à Versailles, et dans toutes les au-

tres maisons royales qu'il a habitées et qu'il a successivement embellies, n'ait pas toujours médité, conçu, ordonné
et fait exécuter sans déviations et sans changements notables
les ouvrages d'architecture dont il a enrichi ses palais. Nous
aurions préféré qu'au lieu de descendre aux minces détails
d'une croisée qui n'aurait pas eu l'exacte dimension de toutes les autres, il eût, avant de rien entreprendre, arrêté d'une
manière fixe et précise le plan dont il ordonnait l'exécution.
Ce prince, en faisant détruire la maison galante du premier
Trianon, en voulant substituer à cette demeure d'agrément
un palais qui devait non seulement remplacer le palais de
Flore, mais encore devenir la demeure de prédilection du
plus puissant de tous les monarques, ne devait-il pas, avant
toutes choses, examiner et chercher s'il n'était pas, dans le
même lieu, une position plus favorable et plus apte à l'exécution de son projet. Il est certain qu'en choisissant, pour
la plantation du palais de Trianon, l'axe de la branche
transversale du grand canal opposée à la ménagerie, en pla-
çant ainsi au midi le corps de logis central de l'édifice avec
sa face principale sur ce point élevé, dans une belle vue
qui est aujourd'hui presque inaperçue, on aurait obtenu un
succès complet. Si, mettant à profit les nombreux avan-
tages d'une situation aussi magnifique, ajoutant ensuite toutes les améliorations que l'état des choses existantes semblait
indiquer, on eût établi sur cette base l'ensemble général et
les détails d'un plan bien ordonné, si l'on eût enfin construit
un palais régulier, dont un programme net et précis aurait
d'abord indiqué la forme et l'étendue, on n'aurait pas vu les
souverains qui successivement ont occupé Trianon reconnaître, après quelques jours d'habitation, les nombreux in-
convénients de cette magnifique et séduisante demeure.

LES PALAIS

Napoléon veut ha-
biter le grand Tria-
non.

En effet, lorsque Napoléon en 1810, après son mariage
avec l'archiduchesse Marie-Louise, fille de l'empereur d'Au-
triche, voulut habiter Trianon et en faire un séjour impé-
rial, il trouva bientôt que la maison de Louis XIV était in-
suffisante, et que toutes les magnificences du grand roi conve-
naient mal à ses besoins. Il la fit réparer, il y ordonna quelques arrangements de service intérieur, ferma avec des portes
vitrées le vestibule à jour entre les ailes de la cour d'entrée,
meubla à neuf tout l'appartement, et réunit, en détournant
un chemin sur lequel il jeta un pont, les jardins du grand à
ceux du petit Trianon, qui étaient séparés. Revenu ensuite
des impressions favorables, qu'avant de l'occuper cette maison lui avaient données, il ne voulut plus, après la fête du
15 août 1811, revenir dans une demeure royale dont l'aspect
l'avait d'abord séduit, et qu'il avait souvent présentée
comme le modèle à suivre pour celles qu'il avait eu intention de faire construire d'abord à Lyon, puis sur le rempart
de la montagne de Chaillot, en face du Champ-de-Mars et
de l'École militaire à Paris.

Louis XIV lui-même, dans les derniers temps de son
long règne, n'a pas conservé le goût qu'il avait pour le château de Trianon. Désenchanté de ce magnifique et peu commode séjour, il résolut de se créer une habitation plus simple, dans laquelle, avec moins d'éclat, avec moins de faste et
sur un espace plus resserré, il espérait trouver les jouissances de la vie privée et le bien-être que Versailles et Trianon
ne pouvaient lui donner. Il conçut cette fois à l'avance un
plan général; il en médita attentivement l'objet, et dicta à
Mansart une disposition qui fut généralement admirée. Cet
architecte éleva, au milieu des bois, dans la riche vallée entre Saint-Germain et Luciennes, en belle vue, entouré de

coteaux d'une grande fertilité, un pavillon carré pour y
loger le roi, sa famille et son service. Cette charmante demeure, que l'on nomma long-temps l'Ermitage, faite à la
hâte, à peu de frais, décorée au dehors et au dedans de do-
rures fort riches, était dédiée à Apollon, emblème sous lequel ce monarque a souvent été représenté. Douze autres
pavillons plus petits, disposés symétriquement avec des
communications faciles, six à droite, six à gauche, s'élevaient
en amphithéâtre le long des parterres qui bordaient un vaste
canal. Ils étaient destinés à l'habitation des ministres et de
quelques-uns des favoris de la cour, auxquels étaient accor-
dés les honneurs enviés des voyages de Marly. Tout ici paraissait charmant; tout, jusque dans les moindres choses,
semblait délicieux : et cependant, soit qu'il ait manqué à
l'agréable résidence des bois de Saint-Germain les distributions, les arrangements, les commodités privées ou les
proportions convenables; soit plutôt que, bâti trop à la
hâte, avec une économie mal entendue et sans soins, le château de Marly n'ait pas eu toute la solidité nécessaire, il est
certain qu'après Louis XIV il a été fort peu occupé, et
que, sous la régence de Louis XV, ses magnifiques cascades, ainsi que plusieurs de ses bassins, ont été supprimés.
Enfin, dans nos troubles civils, après l'enlèvement successif
des nombreux objets d'art dont était remplie cette char-
mante maison de fêtes, que Delille appelle le palais d'Ar-   Démolition de Marly.
mide, elle a été entièrement détruite. Nous avons vu mettre
en vente ses matériaux, détruire ses belles eaux avec ses riches parterres, renverser ses perrons ainsi que ses terrasses,
arracher les arbres de ses magnifiques jardins, en un mot
effacer, jusque dans ses fondements, tout ce qui pouvait
laisser la moindre trace du plan ingénieux et de la belle

disposition qui avaient rendu célèbre l'agréable résidence
de Marly.

Louis XV fait bâ-
tir le petit Trianon.

Gabriel, architecte.
Louis XV reconnut également, en l'habitant, les incon-
vénients du brillant séjour de Trianon ; il chargea, comme
son aïeul avait fait en construisant Marly, l'architecte Gabriel, de bâtir dans les environs, à peu de distance du grand
Trianon, vers l'extrémité de ses jardins, un pavillon de petite dimension avec quelques accessoires indispensables. Il
comptait y trouver, dans un espace resserré, des plaisirs
moins éclatants et plus selon ses goûts que ceux dont il
jouissait dans le palais de Versailles. Cette habitation, qui
occupe à peine un carré de soixante pieds, est le petit
Trianon.

Tout démontre que Louis XV, en construisant une maison de dimensions si restreintes, n'avait pas l'intention d'en
faire sa demeure habituelle. Son seul but, nous l'avons déjà
dit, était d'avoir, près de Versailles, un lieu de fantaisie et
d'agrément, suffisant pour lui procurer quelquefois, en se-
cret, les jouissances mystérieuses de la solitude et de l'isole-
ment. Loin de donner au logis, destiné à la demeure du roi,
l'extension convenable, l'architecte a fait ici des efforts re-
marquables pour réduire chaque chose à sa moindre proportion, et pour réunir, avec un grand art, dans un espace
de quelques toises, tout ce dont le souverain ne pouvait ri-
goureusement se passer. Un appartement de six pièces et six
logements de suite, dans les mezzanines ou l'étage des combles, composaient toute la demeure du roi, qui, ainsi réduit
à l'étroit dans le pavillon du petit Trianon, croyait être à
l'abri des importunes grandeurs et des fatigantes magnificences du trône. Les dépendances, que l'on s'était efforcé
de rendre peu apparentes, étaient insuffisantes, légèrement

bâties et tellement incommodes que, après Louis XV, qui,
dans les derniers jours d'avril 1774, fut atteint, au petit
Trianon, de la maladie dont il vint mourir à Versailles, le 10
mai 1774, cette maison cessa d'être régulièrement habitée.

Louis XVI ne fit aucune résidence continue au petit
Trianon. La reine Marie-Antoinette venait souvent s'y
soustraire aux ennuis de l'étiquette et aux importunités de
la cour. Elle y passait fréquemment des journées de délassement, entourée de quelques amis; elle y cherchait, dans le
simulacre de la vie champêtre, des jouissances paisibles, ne
prévoyant guère les tempêtes révolutionnaires qui la mena-
çaient et l'affreuse catastrophe dont elle a été victime. Elle
a fait rétablir à neuf, décorer et meubler entièrement les
appartements de l'habitation; c'est par ses ordres que l'architecte Mique a bâti la salle de spectacle que l'on voit aujourd'hui, le temple de l'Amour, au milieu des bosquets voi-
sins du château, ainsi que le pavillon des Concerts, près du
grand rocher. Le lac, les rivières, les maisons rustiques qui
figurent l'apparence d'un hameau, les plantations pittoresques qui ont été faites en place des jardins réguliers de
Louis XV sont également l'ouvrage de cet architecte, qui,
avec l'assistance du peintre Robert, a mis à exécution la
pensée de la reine.

Nous hésitons à rappeler ici ce que, dans notre ouvrage
sur les résidences de plusieurs souverains, nous avons dit,
en parlant de la composition et de l'arrangement des jardins
pittoresques du petit Trianon, que nous sommes loin de
vouloir comparer à ceux dont Lenôtre et Mansart ont enrichi les palais de la couronne. Cependant il nous est impossible de ne pas reconnaître que, parmi le grand nombre
de jardins pittoresques qui ont remplacé les jardins régu-

Marginal notes:

Louis XVI.

La reine Marie-An-
toinette plante les jar-
dins du petit Tria-
non.

Jardins pittoresques
du petit Trianon.

M. Robert, peintre.

liers dont les maisons de campagne étaient autrefois ac-
compagnées, ceux du petit Trianon, que la reine Marie-
Antoinette a fait planter, furent les plus vantés après ceux
d'Ermenonville, de Mousseaux et de Saint-Leu. Ils ont servi
plusieurs fois de modèles à beaucoup d'autres, tant en
France qu'ailleurs, et nous avons vu le roi de Suède Gustave IV demander à la reine, pendant le voyage qu'il fit à
Paris en 1784, les plans ainsi que les vues des jardins du
petit Trianon, dont il avait beaucoup admiré la composition
et l'arrangement.

Le goût des jardins pittoresques à l'anglaise, que les Anglais appelaient *jardins chinois,* ne s'est complètement établi
en France que dans les derniers temps du règne de Louis XV.
Il devint bientôt non un objet d'art, mais une affaire de
mode, à laquelle chacun voulut se conformer avec un em-
pressement qui amena la destruction de la plus grande partie
des parcs et des anciens jardins symétriques. La vogue
qu'obtint, en peu de temps, cette sorte de nouveauté, fut
très-grande; c'était, disait-on, une restitution à la nature,
des richesses et des beautés dont l'art s'était emparé. Les
savants, les philosophes faisaient l'éloge de la découverte
qui, selon eux, avait pour objet de revenir à la simplicité
perdue. On voulut donner aux jardins nouveaux, que partout on faisait planter, le nom de jardins *naturels;* ils ont
gardé celui de jardins à *l'anglaise,* qui évidemment leur con-
vient mieux; car, dès les premiers essais, il a fallu reconnaître, à Trianon comme ailleurs, que pour arriver à figu-
rer ou à imiter les beautés de la nature, pour produire les
sensations qu'elle seule peut faire naître, il ne suffisait pas
de détruire des parterres symétriquement plantés, d'abattre
des allées droites qui procuraient des ombrages frais et con-

Gustave IV, roi de Suède.

Etablissement en France des jardins à l'anglaise, en imita-tion des beautés de la nature.

tinus, de semer en gazon, mêlé çà et là d'arbres divers, l'emplacement des bosquets touffus dans lesquels on trouvait des abris contre l'ardeur du soleil, de faire serpenter au hasard, en sens divers, dans un fossé étroit, les eaux des bassins, où l'on voyait briller, entre mille jets d'eau de toutes formes, des statues, des groupes de marbre ou de bronze, ingénieuses productions de l'art, d'élever quelques roches en maçonnerie, et de faire tomber, de leur sommet le ruisseau, dont les eaux limpides roulaient de chute en chute sur des marbres habilement disposés, et de substituer ainsi sans méthode les résultats d'une imitation grossière aux magnifiques cascades dont les parcs étaient ornés. Certes ce n'était pas en bouleversant et cherchant à rendre ainsi irréguliers à caprice les jardins symétriquement plantés des anciennes maisons de campagne, qu'on pouvait en faire oublier les agréments, en effacer les charmes, et décréditer les hommes habiles dont ils étaient l'ouvrage.

Le parc de Versailles, dont les arbres étaient déjà vieux, avait été abattu et replanté en entier en 1775, par les soins et d'après les ordres de M. le comte d'Angivillers, directeur et ordonnateur des bâtiments du roi. Pendant les premières années du règne de Louis XVI (c'était le temps où l'on mettait tout à l'anglaise), les jardins, comme les mœurs et les usages de la vie, subirent les effets de l'engouement et de l'entraînement dans lesquels on était alors. Il y a lieu de penser, d'après l'état des esprits à cette époque, que si dans les jardins de Versailles, lorsqu'on entreprit de les replanter à neuf, on a suivi la composition de Lenôtre et de Mansart; si leurs plans n'ont pas été entièrement changés ou dénaturés, il faut attribuer à la grande réputation dont ces deux artistes célèbres jouissaient en-

Le parc de Versailles replanté en 1775.

M. le comte d'Angivillers, directeur ordonnateur des bâtiments.

Les plans de Mansart et de Lenôtre sont conservés.

core, les efforts faits pour s'y conformer, en respectant la pensée qui les avait dictés. Cependant, malgré ces considérations et ces égards pour le talent, la puissance du goût régnant alors était telle qu'il fallut, dans la nouvelle plantation, abandonner au pittoresque le bosquet au nord de l'entrée du tapis vert, que l'on appelle le bosquet des Bains d'Apollon. M. Thévenin, en 1778, a construit dans cet espace, sur les dessins de M. Robert, le rocher avec la grotte dans laquelle on voit les statues et les groupes de marbre, ouvrages de Girardon, qui primitivement avaient été faits pour orner le pavillon de la grotte, à l'entrée de l'aile du nord, près du vestibule de la chapelle. Cette construction pittoresque, qui a exigé de grandes dépenses, cet exemple marquant de la discordance que nous signalons, ce grand et singulier rocher, qui, dans le temps fut très vanté, est à peine remarqué aujourd'hui.

Rocher des bains d'Apollon, construit par MM. Thévenin et Robert en 1778.

Pouvait-on en effet admirer long-temps un ouvrage aussi inconvenablement placé, et ne pas remarquer combien il devait paraître absurde de bâtir en maçonnerie un rocher, une cascade pittoresque, une grotte dans l'un des bosquets réguliers du parc de Versailles; d'élever, au milieu d'une foule d'ouvrages d'art, exécutés avec les matières les plus rares, parmi des statues, des groupes, des bas-reliefs, des vases précieux, soit en bronze, soit en marbre, un petit simulacre de l'un de ces grands accidents de la nature qui, admirables dans les lieux où tout se trouve en rapport avec eux, paraissent ici ridicules, et décèlent le jugement faux et l'esprit rétréci de ceux qui, en voulant les imiter, n'ont pas prévu l'inévitable mauvais succès auquel ils s'exposaient.

De ces réflexions auxquelles le grand et le petit Trianon,

que nous avons entrepris de faire connaître, ont donné lieu,
il ne faut pas conclure que, systématiquement opposés au
genre pittoresque du temps passé, nous voulons en com-
battre l'usage, et priver ainsi les habitations de campagne
des agréments que les jardins anglais peuvent leur donner.
Il ne faudrait pas également croire qu'en citant le rocher
et la grotte des Bains d'Apollon dans les jardins de Versailles, ainsi que les ridicules chaumières du faux hameau, que l'on voit dans les jardins du petit Trianon,
nous cherchions à jeter un blâme égal sur tout ce qui a
été fait jusqu'ici dans ce genre : notre but et notre pensée
sont tout autres.

Nous croyons que les jardins pittoresques à l'anglaise,
qu'il serait peut-être maintenant permis d'appeler, comme
on l'avait voulu d'abord, les jardins naturels, revenus à
leur véritable objet, et mieux appropriés aux habitations
qu'ils embellissent, sont aujourd'hui, pour la plupart,
exempts des ridicules bizarreries dont la mode et l'engouement les avait primitivement frappés. Dans les productions
du goût et de l'amour du bien-être, on voit rarement aujourd'hui l'art en guerre avec la nature. Pour imiter la simplicité des champs ou les beaux effets d'un lieu agreste, on
ne fait plus élever, à quelques toises d'une maison régulièrement bâtie, ces petites cabanes feintes auxquelles on
donnait le nom de village, et qui n'avaient pas d'habitants;
ces ponts grotesques, construits avec dépenses, pour traverser un ruisseau que d'une enjambée il était facile de
franchir; ces mares d'eau, ces fossés bourbeux qui figuraient
des lacs, des rivières, que les rayons du soleil pouvaient
mettre à sec; enfin ces rochers, ces grottes sauvages, qui,
comme les bains d'Apollon à Versailles, puériles imitations

Les jardins pitto-
resques peuvent s'al-
lier aux jardins régu-
liers.

d'une grande chose, n'ont laissé de remarquable après elles
que le montant de la dépense de leur exécution.

Exemple d'une mai-
son de plaisance, ou-
vrage de l'art secondé
par la nature.

Les goûts d'aujourd'hui ne sont plus les mêmes, d'autres
goûts leur ont succédé. Maintenant une maison de plaisance
telle que nous la comprenons, placée en belle position dans
un site varié et sain, doit être l'ouvrage de l'art. Le corps
de logis principal avec toutes ses dépendances, dans la composition générale du plan de ce lieu de plaisance, sera con-
venablement disposé selon les besoins et les facultés du
maître. Il offrira, en tous sens, un aspect agréable et régulier; l'architecture, avec l'aide de la science et de l'industrie,
aura pourvu dans l'exécution du travail aux données de
chaque chose. Un jugement sain aura tout dirigé en suivant, sans jamais s'en écarter, les règles et les préceptes
consacrés par l'usage et la raison. L'expérience, toujours
d'accord avec le bon goût, aura présidé, jusque dans les
plus minces détails, au choix ainsi qu'à l'application des
différentes parties dont l'ensemble général sera composé.
Les avenues, les jardins, les parterres, les abords de la maison seront disposés de manière à démontrer, à première vue,
que tout a été fait pour elle, d'après un plan attentivement
médité et bien arrêté. On reconnaîtra qu'une même pensée,
appuyée sur l'étude, constamment guidée par la raison, aura
tout conçu et tout réglé. L'usage et l'emploi de chaque
chose, soit au dehors soit au dedans, en quelque sens, en
quelque but que ce soit, en expliqueront nettement l'objet
et le pourquoi. Les jardins, faisant partie de la demeure,
seront tracés par la main qui l'aura bâtie; ils seront or-
donnés symétriquement comme elle. Ils se rattacheront avec
adresse, par une transition habilement ménagée, aux jardins des champs; ils s'allieront à leurs charmes d'une ma-

nière insensible, sans contrastes choquants, sans aucune de
ces bizarreries enfantées par le mauvais goût, qui, pour faire
du naturel ou de la simplicité, a plus d'une fois élevé, jusque
sur le seuil de l'habitation, des ouvrages bruts et rustiques qui en barraient l'entrée. On trouvera dans le séjour
agréable que nous décrivons, en s'éloignant des parterres symétriques près de la maison, au bout de l'ombrage continu
d'une allée droite, au sortir d'un bosquet sombre et frais,
le riant tableau d'un pays fertile, l'aspect séduisant d'une
prairie arrosée par les détours naturels d'un ruisseau lim-
pide. On reconnaîtra, jusque dans les détails particuliers de ce
bel ensemble, l'artiste toujours sans prévention, sans système
adopté, sans engouement pour ce qui peut paraître nouveau,
partout constamment en garde contre ce qui est singulier et
hors d'usage. Toujours attentif et réfléchi, il aura su mettre
à profit les richesses que la nature lui offre, mais jamais il
n'aura, en quelque manière que ce soit, prétendu rivaliser
avec elle; et, s'il a entrepris de construire une grotte dans les
détours d'un parc, si pour orner l'un des principaux points de
vue de la demeure, il a bâti une cascade entourée de rochers,
jamais il n'aura eu la pensée de chercher à persuader que
les ouvrages de sa main pouvaient être ceux de la nature;
enfin dans ce lieu d'agrément, que l'art et la nature, dans un
accord parfait, auront embelli, tout devra jusque dans les
moindres détails être simple, vrai, commode, régulier et
judicieusement ordonné, selon les préceptes consacrés par
l'usage et les temps.

Telle aurait été évidemment la résidence de Marly, si
Louis XIV, après en avoir conçu le plan, avait pu donner
à son exécution le temps, l'étude et les sommes nécessaires.
Telles sont quelques-unes des jolies maisons de campagne de

l'Italie, et entre autres la Villa Borghese et la Villa Penfili à Rome. Telles n'étaient pas les résidences des deux Trianons, dont il nous reste à expliquer les défauts qui avaient rendu ces maisons royales long-temps incommodes et presque inhabitables.

Imperfections et défectuosités des deux Trianons.

Certes les châteaux du grand et du petit Trianon n'étaient pas dépourvus de charmes, et cependant ces deux résidences, magnifiques au dehors, riches et fraîches au dedans, n'avaient pu, en aucun temps, obtenir le succès qu'elles semblaient mériter. Louis XIV, ainsi que nous l'avons précédemment dit, n'a pas fait de longs séjours dans le grand Trianon, qu'il avait créé. Louis XV l'abandonna pour se retirer dans le petit Trianon, qu'il trouvait plus commode. Louis XVI ne s'y plaisait guère. Napoléon, qui d'abord avait été séduit par l'apparence et l'éclat de cette royale demeure, renonça, après deux voyages, au projet qu'il avait eu de l'habiter. Louis XVIII et Charles X n'y firent aucun séjour.

Le roi Louis-Philippe, après avoir consacré le palais de Versailles à toutes les gloires nationales, et rempli les intérieurs de ce vaste palais d'un grand nombre de sujets représentant les hauts faits qui ont illustré la France, a pensé que, pour être plus à portée de donner la dernière main à son ouvrage et pour mettre à exécution les vastes projets qui, au dehors comme au dedans, doivent compléter cette mémorable entreprise, il convenait de venir établir son séjour dans le grand Trianon. Mais bientôt il reconnut les imperfections patentes et les défauts nombreux qui, dans cette résidence, avaient choqué les souverains qui voulurent l'occuper. Le roi n'en fut pas effrayé. Il examina les choses, sans préventions, avec cette judicieuse attention et cette

sage raison qu'il sait apporter à tout. Puis, ayant arrêté ce
qu'il convenait de faire, il ordonna plusieurs accroissements
dans les dépendances, ainsi que de grands changements
dans la distribution générale; et, après un assez court espace
de temps utilement employé, les deux Trianons rétablis
sont devenus l'une des plus agréables et des plus convenables résidences de la couronne.

Le grand Trianon, construit primitivement avec magni- Habitation du
ficence, en pierres et en marbres précieux, se composait d'un grand Trianon en
1836.
seul rez-de-chaussée très-étendu, sans étage au dessus, sans
toit apparent et sans caves sous les appartements. La décoration extérieure était riche et brillante; le vestibule du milieu, à jour en colonnes de marbre, entre la cour d'entrée et
les parterres, séparait à droite et à gauche les ailes du palais, de manière à former en quelque sorte deux habitations
distinctes; la galerie, qui paraît avoir été bâtie après coup
en prolongation de l'aile droite, au midi sur les parterres,
n'était qu'un long corridor isolé sur deux faces, communi-
quant par son extrémité au grand corps de bâtiment que
l'on appelait le *Trianon sous bois.* Cette troisième partie du
château, bâtie également après coup lorsque l'on s'aperçut
de l'insuffisance des logements, n'avait d'autre abord et
d'autre issue que par la galerie. Elle offrait une prolongation
de logements dont l'occupation était incommode et difficile,
car il fallait traverser l'appartement et la galerie pour y arriver. La partie à gauche du vestibule du milieu, destinée à
l'habitation du roi, était dépourvue de tous dégagements et
de toutes les pièces nécessaires au service ainsi qu'aux con-
venances les plus ordinaires; elle ne pouvait également avoir
de communication avec les deux autres subdivisions du palais
qu'en passant par le vestibule, lieu public à jour, presque à

tous vents, qu'il fallait traverser pour aller d'un côté de l'habitation à l'autre.

Ces défauts de plan et de disposition générale n'étaient pas les seuls qui avaient précédemment rendu le séjour du grand Trianon incommode, et qui avaient fait abandonner en quelque sorte ce palais, dont l'apparence était, il est vrai, séduisante, mais qui en réalité était fort peu habitable. Les pièces, les salles de chacune des deux divisions, formant le corps principal du palais, communiquaient de l'une dans l'autre, sans dégagements, sans pièces accessoires, sans aucun de ces petits détails que commandent les besoins de la vie. Tout, soit dans l'ensemble général, soit dans les subdivisions particulières de cette brillante maison, paraissait avoir été fait successivement au gré des exigences du moment, avec un grand luxe, mais sans méditation, sans plan arrêté à l'avance, et l'on pourrait presque dire à caprice. L'ordonnance, le bon goût et la régularité avaient été sacrifiés en plusieurs points. On avait fait alors, comme il arrive souvent, la maison pièce à pièce. On avait tellement peu pensé à satisfaire aux besoins particuliers des différents services sans lesquels toute habitation est impossible, ce qui, dans l'origine, avait été affecté à chaque chose était tellement insuffisant qu'on avait été obligé de construire après coup, au dehors, isolément, sans plan, sans régularité, plusieurs bâtiments pour y placer les domestiques, les chevaux, les voitures, et même les cuisines, qui primitivement étaient établies dans le soubassement de l'aile, près de l'appartement du roi. Ces bâtiments extérieurs jetés presque au hasard, sans arrangement et sans accord, aux alentours des deux Trianons, avaient apporté une sorte de confusion dans les limites des dépendances particulières des deux palais, et avaient détruit, en grande partie, la séparation que Louis XV avait voulu établir entre elles. Cette confusion a rendu embarrassantes et difficiles les dispositions nécessaires pour fixer l'ordre et les arrangements du service.

Le petit Trianon, distribué d'une manière plus commode que le grand, se trouvait avoir quelques-uns des détails privés qui manquaient totalement à celui-ci; mais tout dans l'intérieur semblait n'avoir été fait que pour un seul homme. On y trouvait un bel appartement complet à l'étage principal, élevé sur un étage de soubassement qui dominait les parterres; mais le reste était distribué de la manière la plus incommode, sans prévoyance pour aucune des choses utiles. Enfin, indépendamment de ces nombreux défauts, qui, à des époques différentes, avaient toujours jeté une grande défaveur sur la résidence des Trianons, le mauvais état dans lequel se trouvaient les dépendances de ces deux châteaux, et l'espèce de cession qui avait été faite à des services étrangers de la plus grande partie des bâtiments accessoires, rendaient plus difficile et nécessairement plus dispendieuse la tâche que le roi Louis-Philippe a entreprise, lorsque, ayant pris le parti de s'établir avec sa famille et sa cour dans ces deux maisons de plaisance, que jusqu'ici personne n'avait cru pouvoir sérieusement habiter, il voulut rendre l'une et l'autre commodes et dignes de la haute destination qu'il a su leur donner.

Voici les ouvrages qui ont été faits par suite de cette détermination.

La décoration extérieure, l'ordonnance et la disposition des deux palais ont été scrupuleusement conservées, en rétablissant chaque partie avec les soins, les précautions et les recherches qu'exigeait un travail de cette sorte.

(marginal notes:)
Habitation du petit Trianon en 1836.

Le grand Trianon en 1837.

Grands
appartements.

Les distributions accessoires des grands appartements, tant dans la partie à droite que dans celle à gauche de la cour d'entrée, ont été changées et sensiblement améliorées, sans détruire ou dénaturer, en quelque manière que ce soit, la forme générale du plan. Partout dans la partie affectée à l'appartement d'habitation, ainsi que dans celle qui sert à la représentation, on est parvenu à trouver, non sans de grands obstacles, toutes les petites pièces de service, dont aujourd'hui on ne peut se passer, et qui, très-négligées au temps de Louis XIV, semblaient être un sujet presque inconnu.

Appartement du roi.

L'appartement du roi et de la reine, composé de cinq pièces seulement, était insuffisant et entièrement dépourvu de tous les accessoires indispensables. Il a été considérablement augmenté et complété, en le prolongeant à l'extrémité de l'aile du midi, sur la partie en retour, où l'on avait placé le service des cuisines. Une distribution meilleure, avec les dégagements nécessaires, a rendu cette aile du palais la plus commode et la plus agréable de toute l'habitation.

Appartement de S. A. R. Madame, sœur du roi.

En détruisant les petites subdivisions de quelques logements de suite, qui occupaient l'extrémité de l'aile gauche de la cour d'entrée, on a trouvé également du même côté les moyens de faire, pour S. A. R. Madame, sœur du roi, un appartement peu étendu, à la vérité, mais dont la position agréable, la décoration simple et en même temps élégante, ainsi que le bon arrangement, ont été justement appréciés et méritent d'être remarqués.

Appartement de réception.

Le corps de bâtiment à droite de la cour d'entrée, du côté des parterres sur la face du couchant, est consacré depuis le grand vestibule jusqu'au salon de la Bibliothèque, à la réception. Cette partie de l'habitation a été assainie, amé-

liorée et remise à neuf; on a pu y ajouter, comme à toutes
les autres divisions du palais, les pièces de service et les dégagements qui manquaient.

Les pièces adossées à l'appartement de réception, sur la
face au levant, sont l'habitation des princesses de la famille
royale : plusieurs changements utiles et un rétablissement
complet les ont rendues commodes et agréables.

La galerie en aile, qui conduit de l'appartement de réception au corps de bâtiment en retour, du côté des bosquets, et que l'on appelle Trianon sous bois, a été repeinte,
chauffée et rendue habitable. Cette galerie, qui n'était qu'un
long corridor, sert maintenant de salle à manger, dont le
service est fait de la manière la plus inaperçue, au moyen
des nouvelles communications souterraines, qui ont été pra-
tiquées à grands frais et avec de grandes peines, dans toute
l'étendue des appartements, depuis les cuisines jusqu'à l'extrémité de l'aile de Trianon sous bois.

Un large couloir ou corridor souterrain, éclairé sans in-
terruption par des ouvertures qui ont été habilement pra-
tiquées sous les marches des perrons, ou dans les soubas-
sements au pourtour des faces du palais, traverse la cour
d'entrée, et sert de communication depuis les cuisines jusqu'à l'extrémité de Trianon sous bois. Cette construction,
entièrement neuve, a été difficile et dispendieuse; elle as-
sainit parfaitement toutes les pièces du grand appartement,
qu'elle traverse souterrainement; elle procure, outre de
nombreux moyens de chauffage qui manquaient, des issues
et des communications dont elles étaient entièrement privées.

Le bâtiment de Trianon sous bois, à l'extrémité de la galerie, est destiné aux jeunes princes, fils du roi. Au moyen

Appartement des princesses.

Grande galerie.

Salle à manger.

Corridor souterrain.

Trianon sous bois. Appartement des princes.

de plusieurs arrangements nouveaux, on a pu y placer leur
service, avec ce qui en dépend.

On a fait, en détruisant les divisions des premières pièces,
à l'entrée de ce bâtiment, du côté du midi, qui servaient
de salle à manger pour le service des officiers de la maison,
une chapelle convenable et suffisamment grande, dans laquelle, le 17 octobre 1837, le mariage de S. A. R. la princesse Marie, seconde fille du roi, avec le prince Alexandre
de Wurtemberg, a été célébré solennellement en présence
du nombreux cortége des assistants qui ont été invités à
cette auguste cérémonie.

Chapelle dans la-
quelle a été célébré
le mariage de la prin-
cesse Marie, le 17 oc-
tobre 1837.

Tous ces travaux, qui ont embelli et rendu plus commode la résidence du grand Trianon, quoique considéra-
bles et dispendieux, seront sans doute difficilement appréciés, même par ceux à qui le palais était antérieurement
connu; car ces différents ouvrages, dont le mérite et la
perfection ne sauraient être exactement aperçus, se confon-
dent tellement avec les premières constructions de l'édifice
que tout aujourd'hui paraît avoir été fait en même temps,
d'un seul jet, sous une seule volonté et par Louis XIV
lui-même.

Cette remarque, que nous sommes loin de présenter
comme un regret, nous semble devoir être considérée au
contraire comme un sujet d'éloges d'autant plus importants
que certes ceux de cette sorte sont rarement brigués. Il fallait sans doute à Trianon, à Versailles, à Fontainebleau et
ailleurs, toute la sage persévérance et l'admirable raison
avec lesquelles le roi a tout dirigé dans ces travaux, pour
que la gloire d'avoir fait autrement en cherchant le mieux,
celle d'avoir trouvé du nouveau, n'ait pas souvent été pré-
férée à celle d'avoir fait convenable, utile et bien.

Le petit Trianon, remis aujourd'hui entièrement à neuf
avec toutes ses dépendances, doit être regardé, malgré son
peu d'étendue, sa proportion étroite et son apparence peu
royale, comme un exemple à citer d'une jolie maison de campagne, qui, avec un plan mieux étudié et plus de recherches
dans les détails, pourrait être donnée pour modèle. Les améliorations qui ont été faites à cette agréable demeure, tant
dans l'appartement principal que dans les logements accessoires, l'ont rendue commode et digne d'être occupée par
le prince royal, sa jeune épouse et tout son service.

Les alentours des deux Trianons, dont l'enceinte complètement rétablie et mieux gardée s'est beaucoup étendue,
sont aujourd'hui dans un état d'entretien parfait. Les plantations, les parterres, les eaux, les bassins, les cascades, les
perrons et tous les ouvrages d'art ont été en très-grande parties restaurés, sans toutefois avoir rien changé aux systè-
mes sur lesquels les deux jardins sont plantés. Au grand
Trianon tout a été refait avec la richesse des marbres et
des matières précieuses dont les différentes parties se com-
posent, avec le luxe de l'art qui les a créées, telles enfin que
Lenôtre et Mansart les ont primitivement conçues. Au petit
Trianon on a reconstruit et rétabli les rochers, les chaumières rustiques, les eaux, les lacs et les plantations pittoresques, tels qu'ils étaient au temps où le roi de Suède,
Gustave IV, qui admira ces jardins, demanda à la reine
Marie-Antoinette, les plans et les dessins qui pouvaient en
retracer les souvenirs.

Enfin, si après avoir cherché à faire connaître l'origine et
les premières constructions des Trianons, signalé les imperfections qui avaient jeté une grande défaveur sur le séjour
habituel de ces résidences, noté les améliorations et les chan-

4

gements qui ont rendu ces habitations agréables et commodes, il fallait ajouter encore d'autres détails aux explica-
tions que nous venons de donner, nous renverrons à l'exa-
men des plans qui sont joints à cette notice, et nous dirons
que le grand et le petit Trianon, qui ne font plus aujour-
d'hui qu'une seule demeure royale, ont déjà été occupés
deux fois pendant de longs voyages, et que ces deux palais
ont pu recevoir et loger d'une manière digne et convenable,
à l'époque de la célébration du mariage de la princesse
Marie :

Le roi et la reine.

Le roi et la reine des Belges.

Le duc et la duchesse d'Orléans.

Le grand duc et la grande duchesse de Wurtemberg.

La famille royale.

Trente maîtres.

Trois cent quarante personnes de suite et de service.

Deux cents chevaux.

Soixante voitures.

Cinquante hommes de garde de cavalerie.

Deux cent quarante hommes d'infanterie.

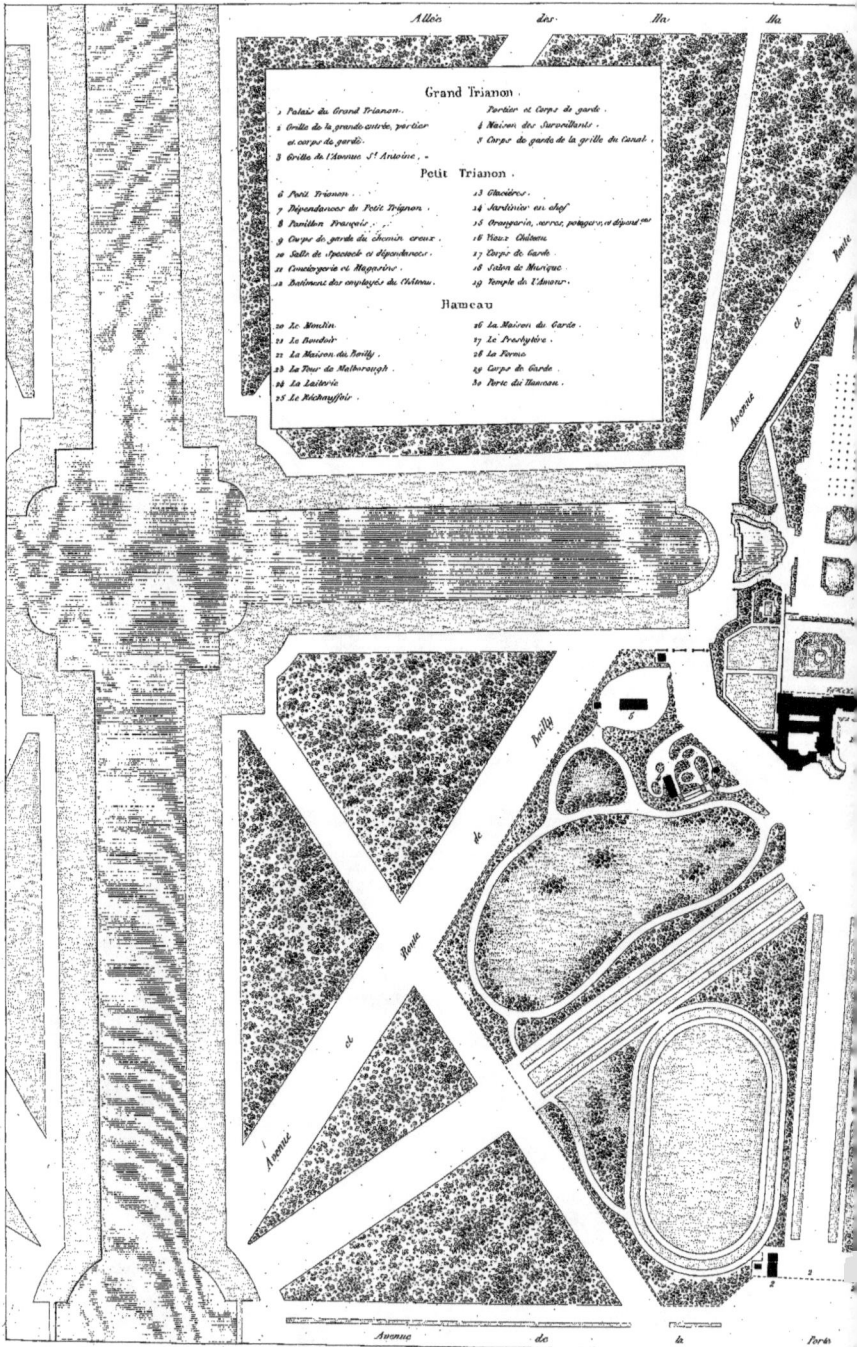

Alléie   des   Ha   Ha

Grand Trianon.

1 Palais du Grand Trianon.
2 Grille de la grande entrée, portier et corps de garde.
3 Grille de l'Avenue St Antoine.

Portier et Corps de garde.
4 Maison des Surveillants.
5 Corps de garde de la grille du Canal.

Petit Trianon.

6 Petit Trianon.
7 Dépendances du Petit Trianon.
8 Pavillon Français.
9 Corps de garde du chemin creux.
10 Salle de Spectacle et dépendances.
11 Conciergerie et Magasins.
12 Bâtiment des employés du Château.

13 Glacières.
14 Jardinier en chef.
15 Orangerie, serres, potager, et dépend.
16 Vieux Château.
17 Corps de Garde.
18 Salon de Musique.
19 Temple de l'Amour.

Hameau

20 Le Moulin.
21 Le Boudoir.
22 La Maison du Bailly.
23 La Tour de Malborough.
24 La Laiterie.
25 Le Réchauffoir.

26 La Maison du Garde.
27 Le Presbytère.
28 La Ferme.
29 Corps de Garde.
30 Porte du Hameau.

Avenue   de   la   Porte

ux Trianons avec leurs dépendances.

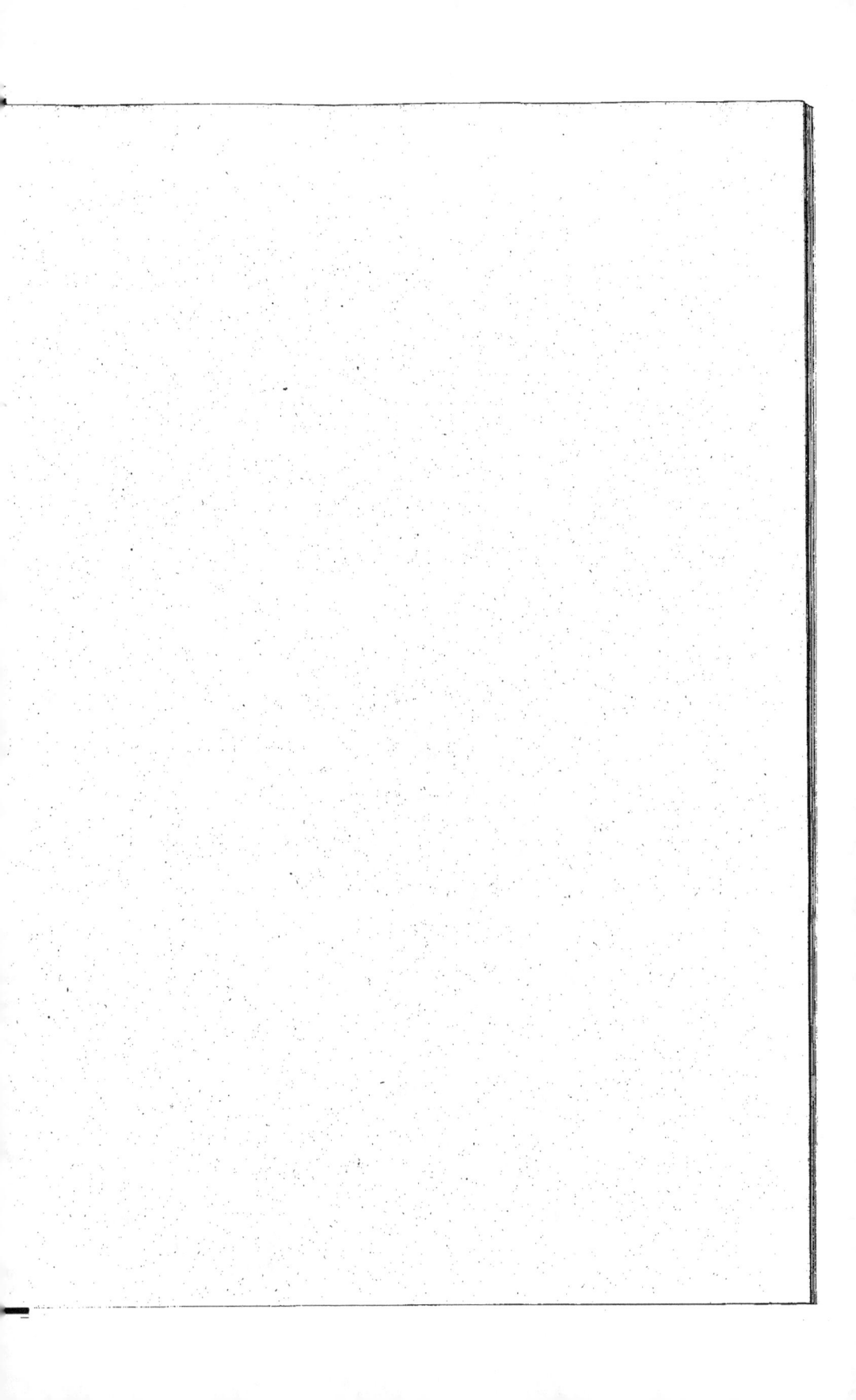

Parterre

haut

Office et
Laboratoire

Office

Ber. Corp.^t du Roi

Office

Grande Bouche

Boucher

Fruitier

Boucherie

Garde Manger

Regnier   Lavoir

Passage souterrain

Pâtisserie

Aqueduc

Bûcherie

Ramide

Passage

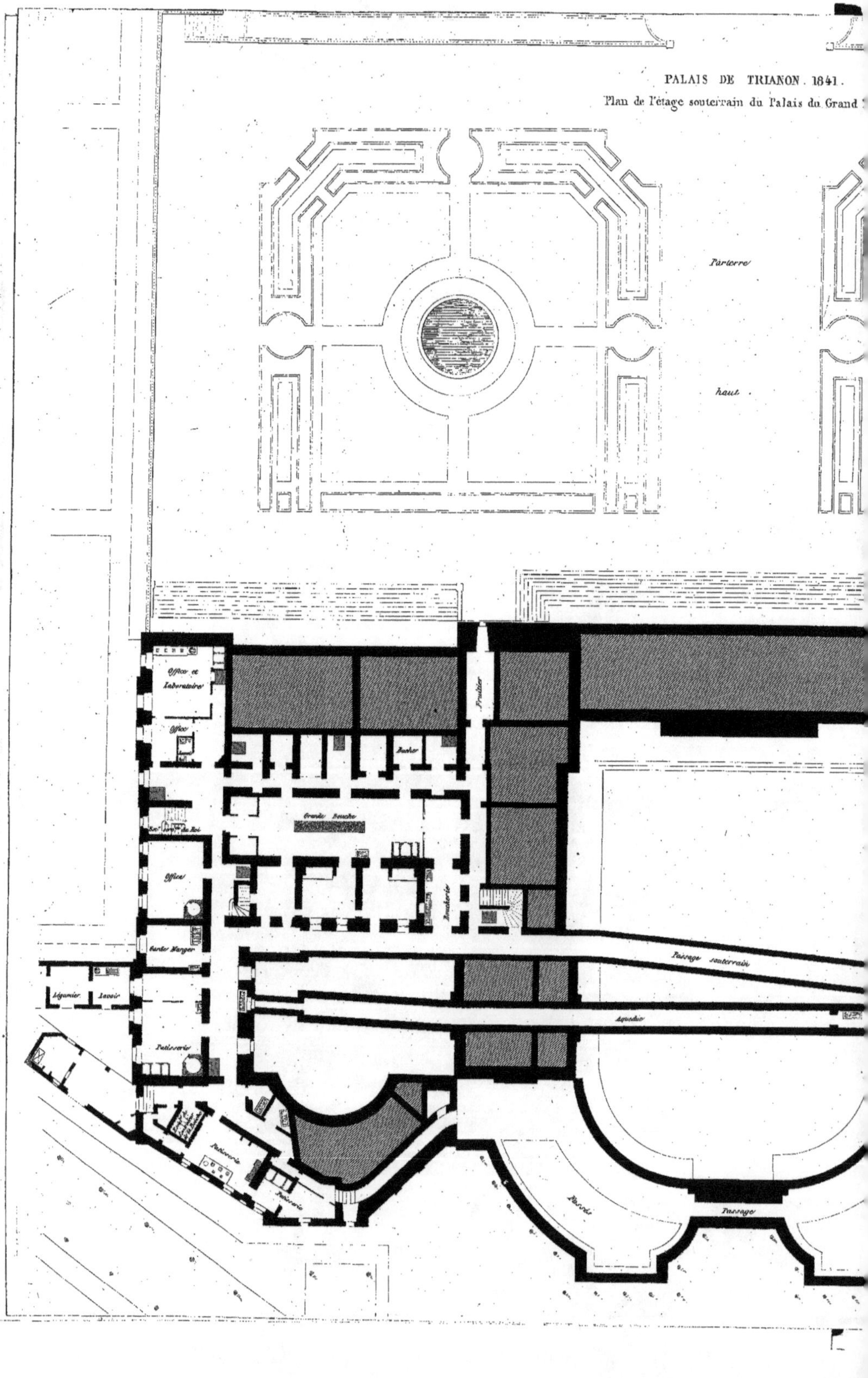

Trianon sous bois.

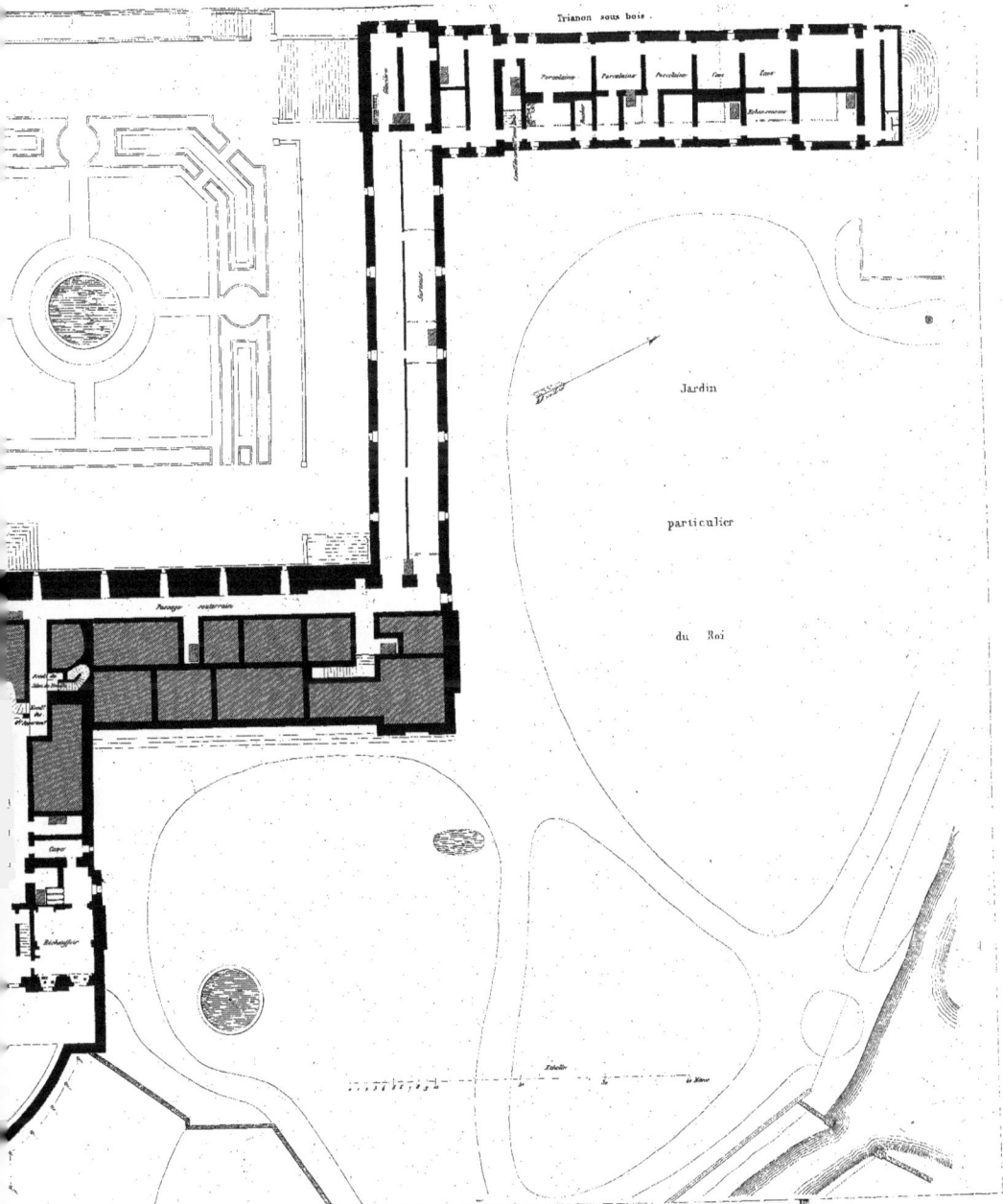

Porcelaine   Porcelaine   Porcelaine   Cave   Cave

Réchauffoir

Jardin

particulier

du Roi

Passage souterrain

Cave

Réchauffoir

Échelle

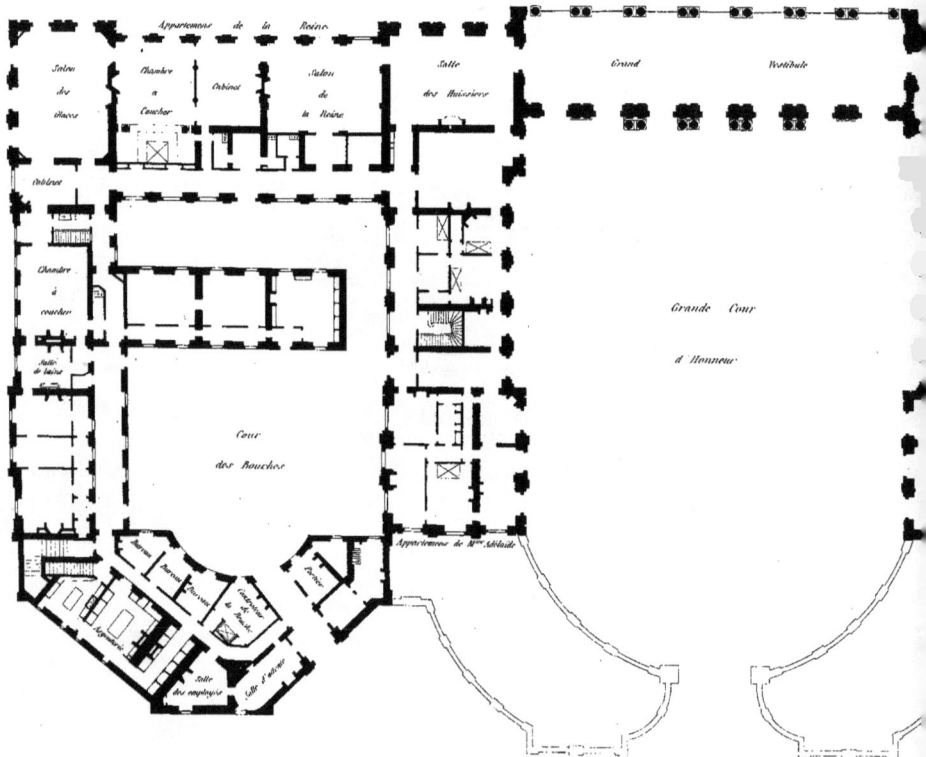

Appartemens   de   la   Reine

Salon
des
glaces

Chambre
a
Coucher

Cabinet

Salon
de
la Reine

Salle
des Huissiers

Grand

Vestibule

Cabinet

Chambre
à
coucher

Salle
de bains

Grande   Cour

d'Honneur

Cour
des Bouches

Appartement de Mme Adélaide

Salle
des employés

Salle d'attente

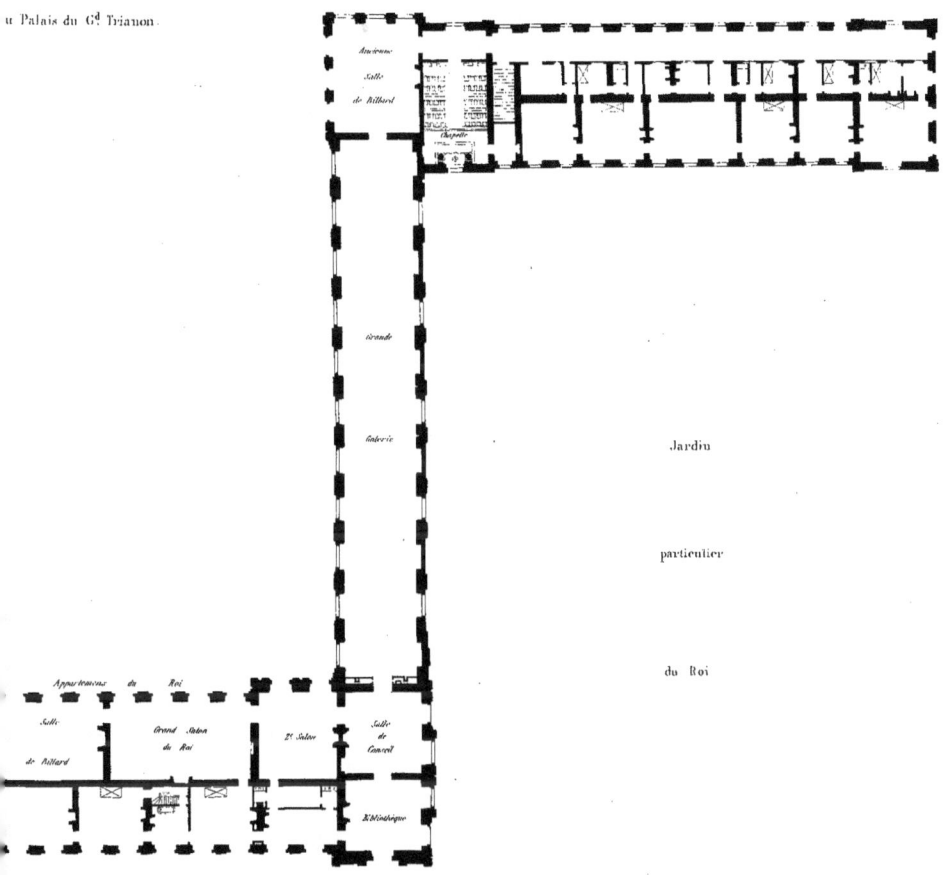

Ancienne
Salle
de Billard

Chapelle

Grande

Galerie

Jardin

particulier

du Roi

Appartemens   du   Roi

Salle   Grand   Salon   2.ᵉ Salon   Salle
de Billard   du Roi   de
                                                Concert

                                                Bibliothèque

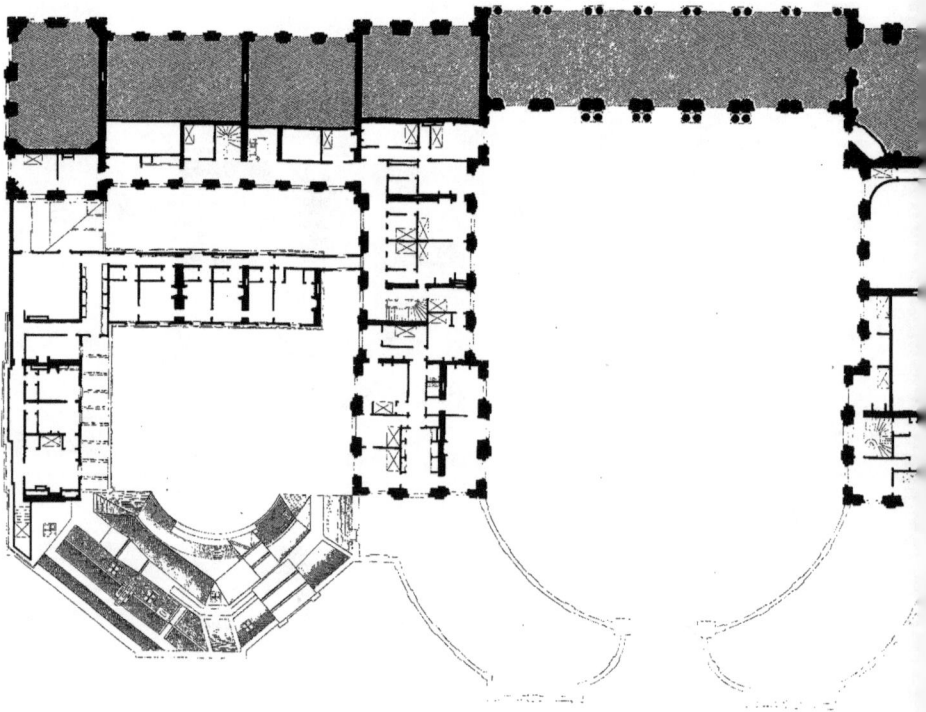

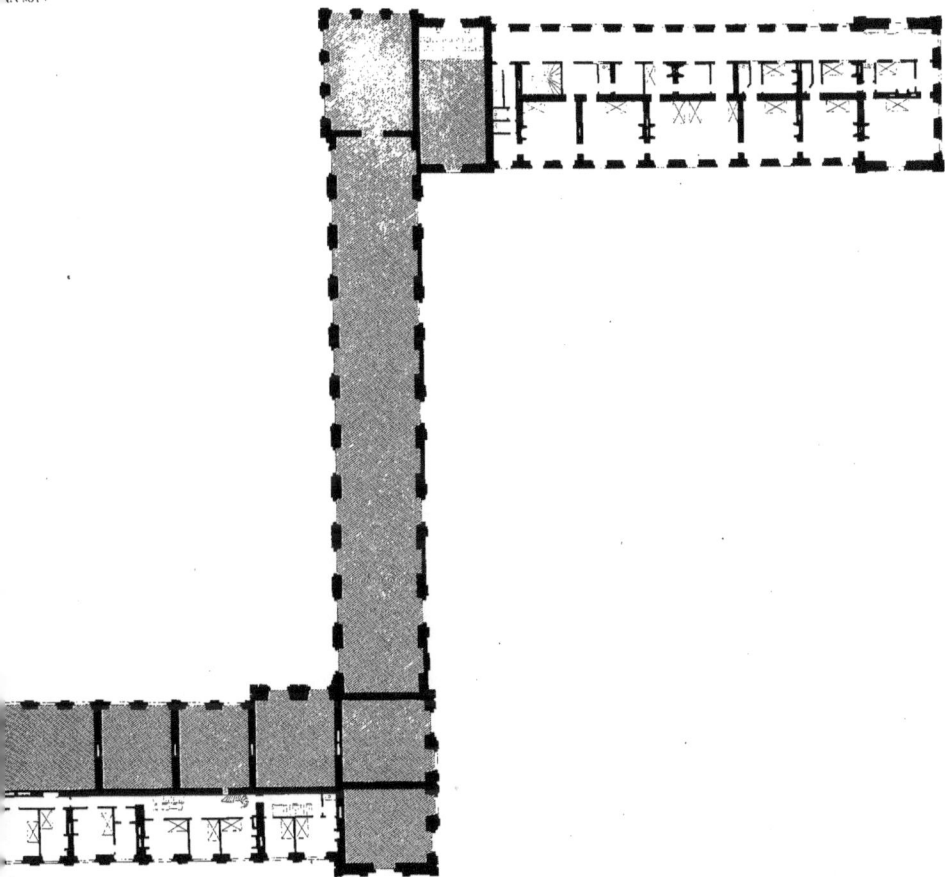

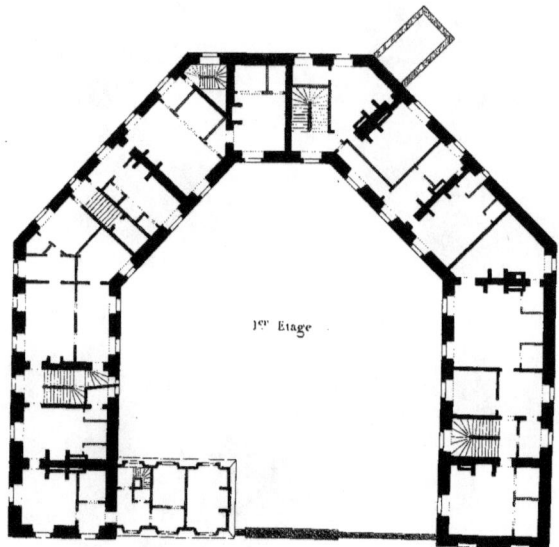

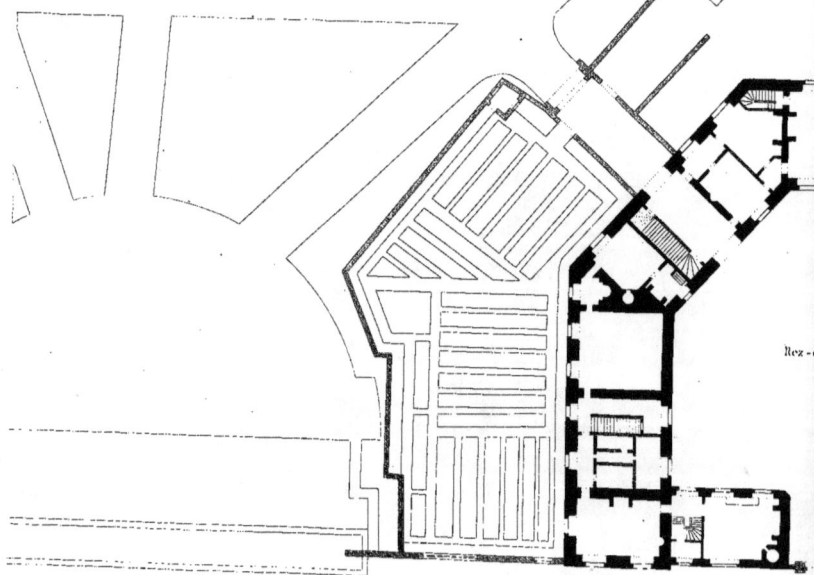

1er Étage

Rez-

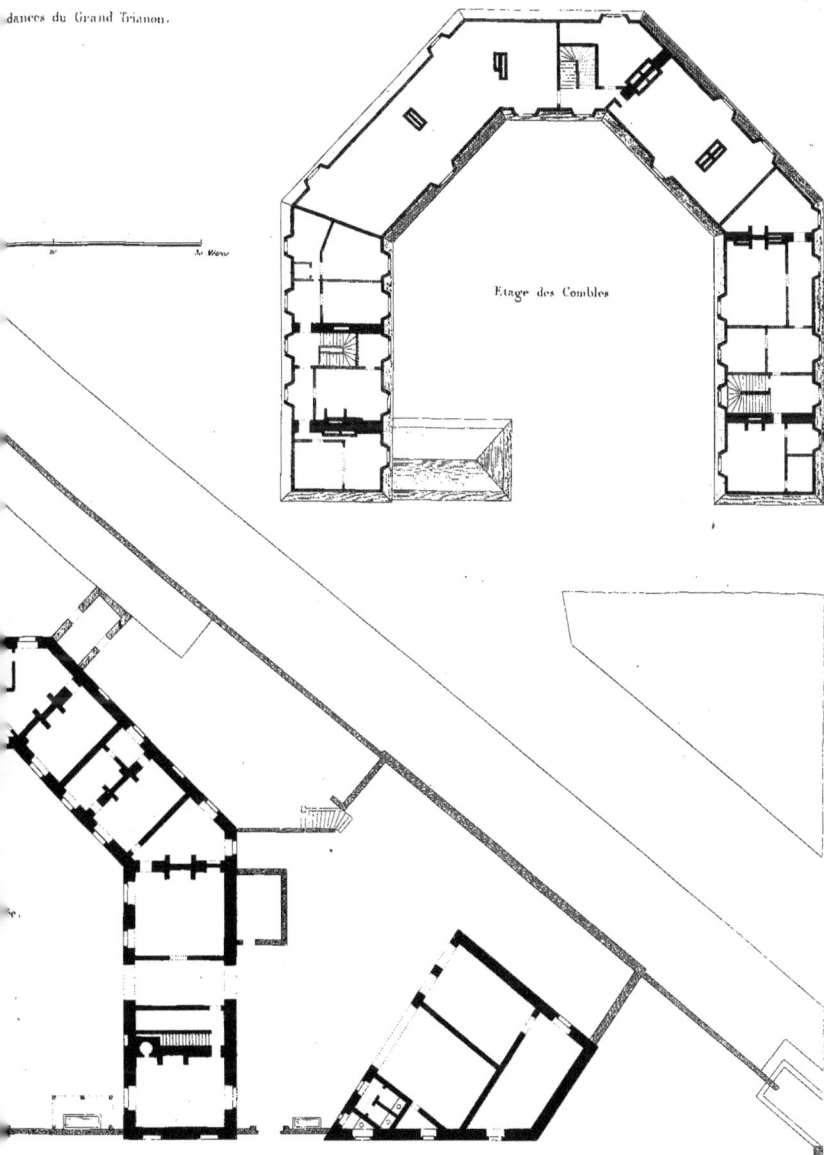

Etage des Combles

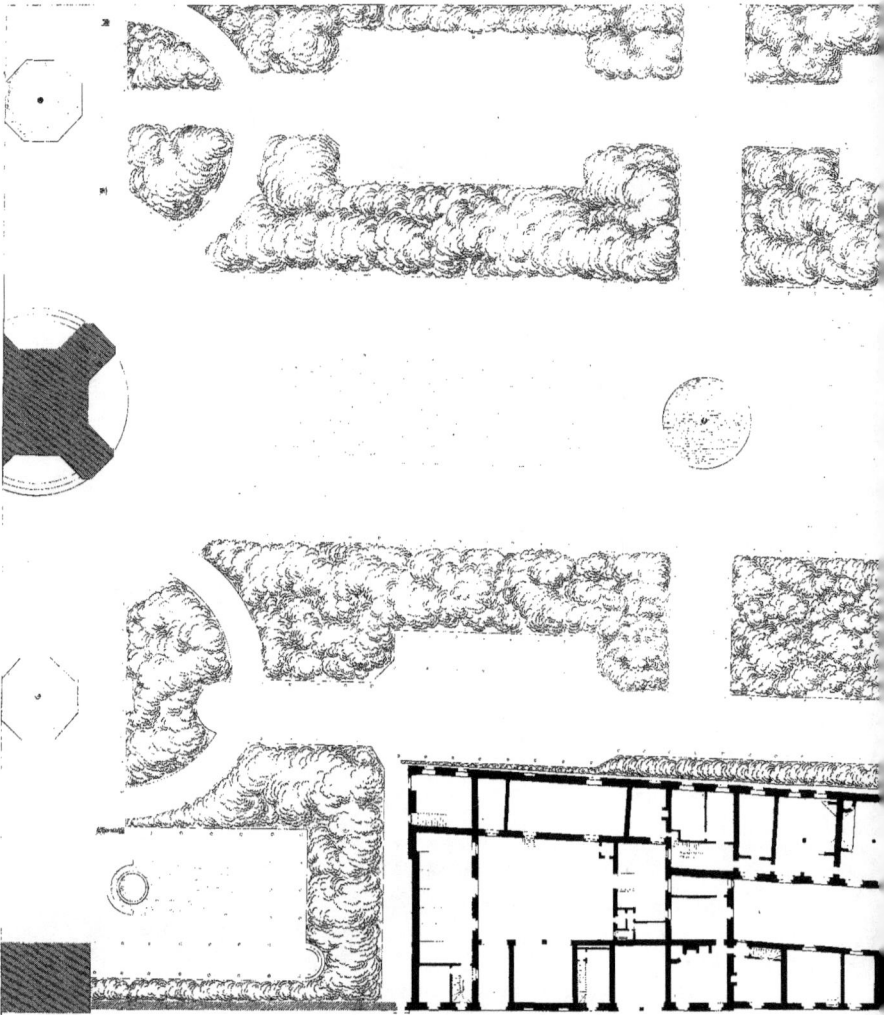

de ses dépendances.

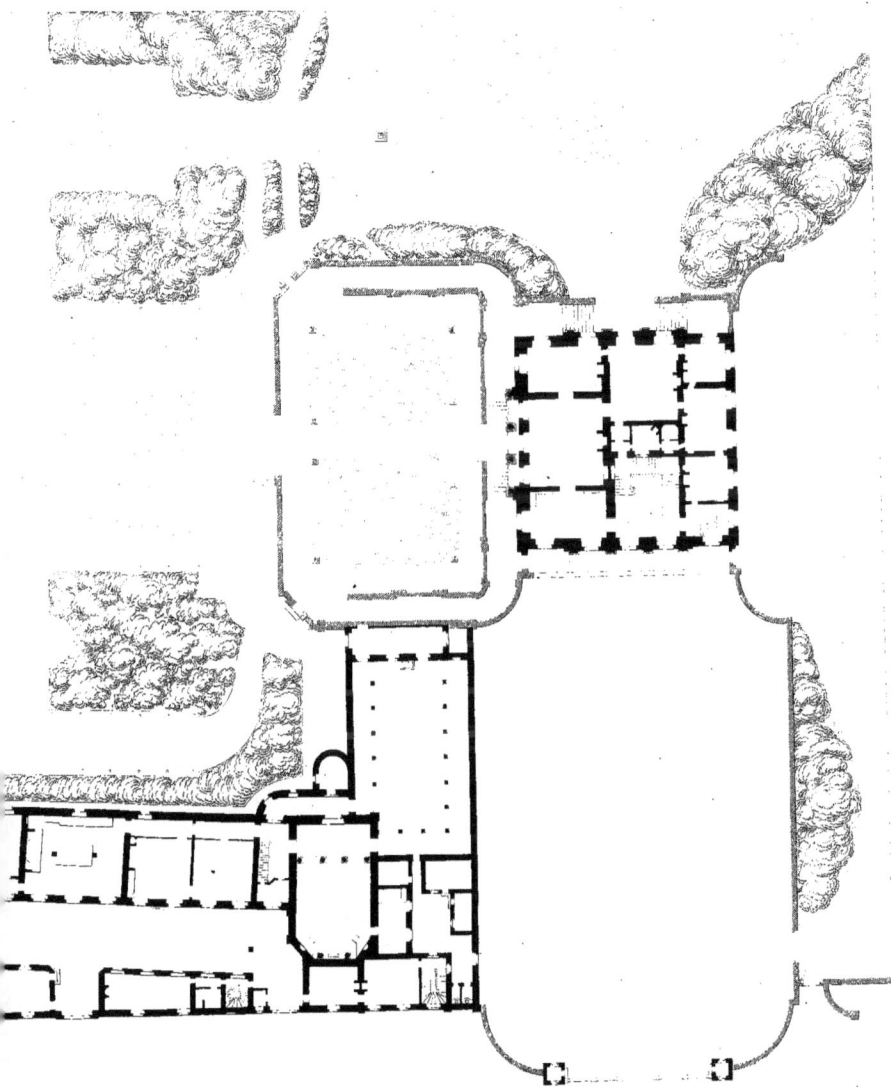

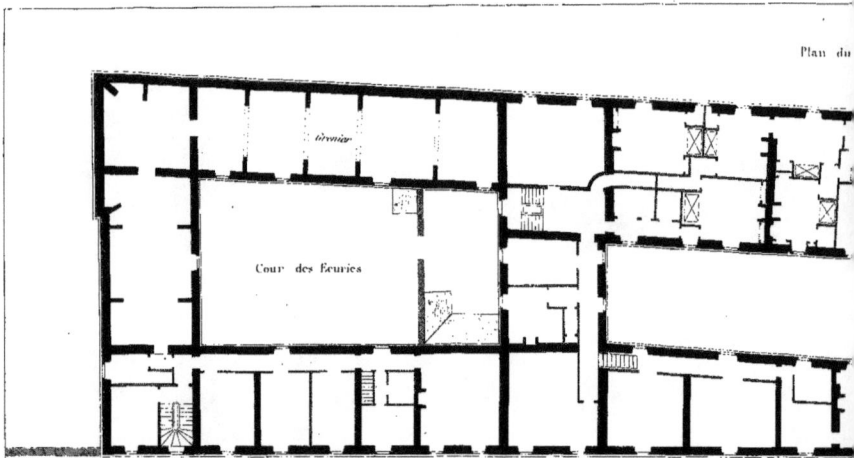

Cour des Ecuries

Greniér

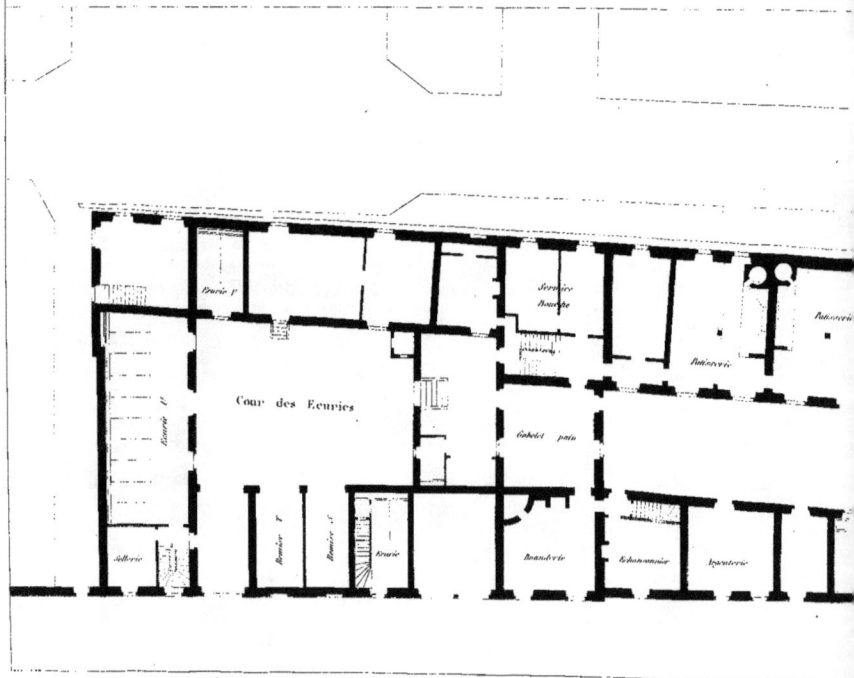

Cour des Ecuries

Ecurie 1.

Ecurie 1.

Service
Bouche

Galerie

Bouvier 1.

Bouvier 1.

Ecurie

Gobelet pain

Blanchisserie

Echansonnerie

Argenterie

Pâtisserie

Pâtisserie

Trianon.

1er Étage.

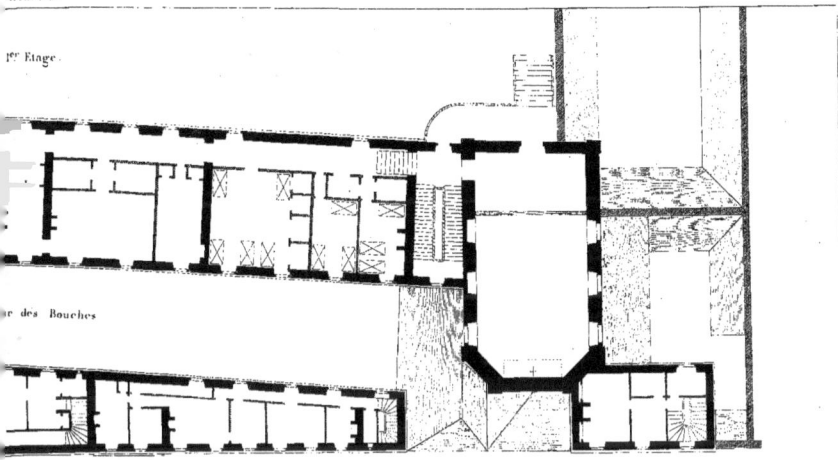

des Bouches

Rez de Chaussée.

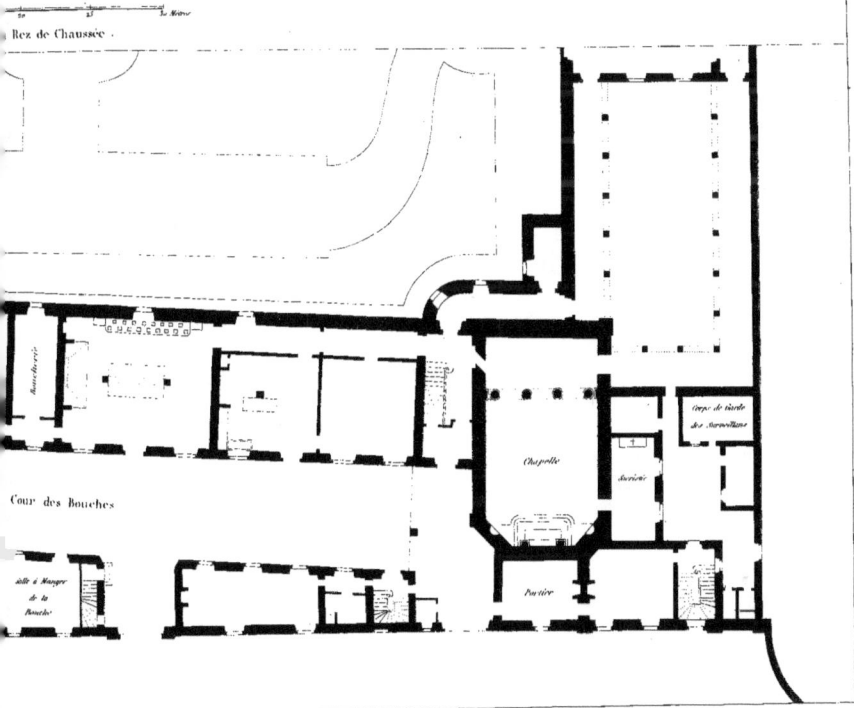

Cour des Bouches

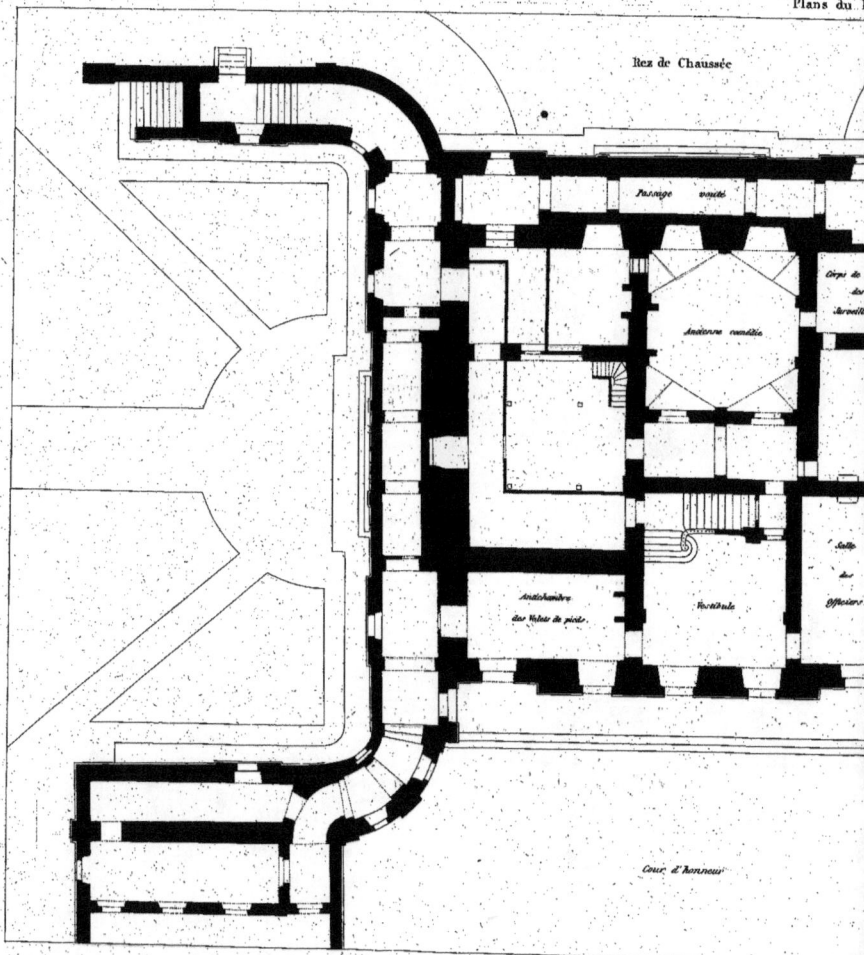

Rez de Chaussée

Passage vouté

Corps de
des
Surveille

Ancienne comédie

Salle
des

Antichambre
des Valets de pieds.

Vestibule

Officiers.

Cour d'honneur

Éntresol

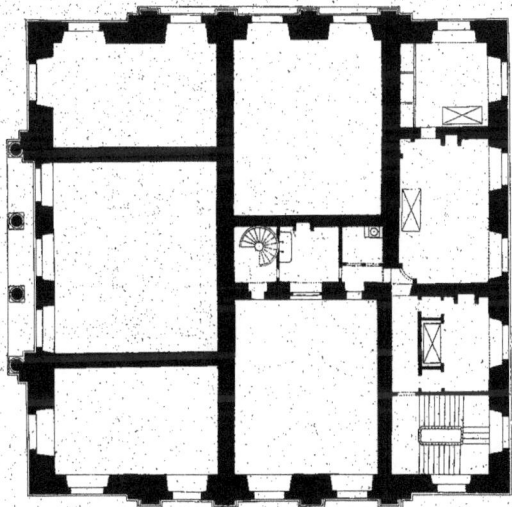

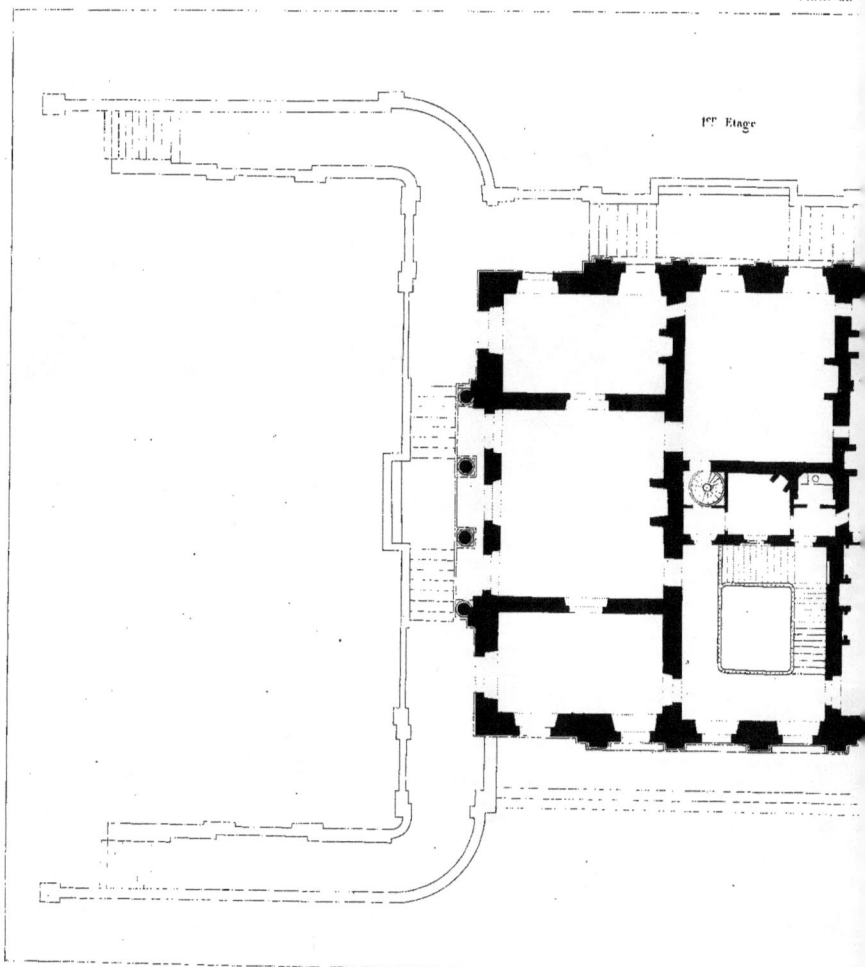

PALAIS
Plans du

1er Étage

Attique

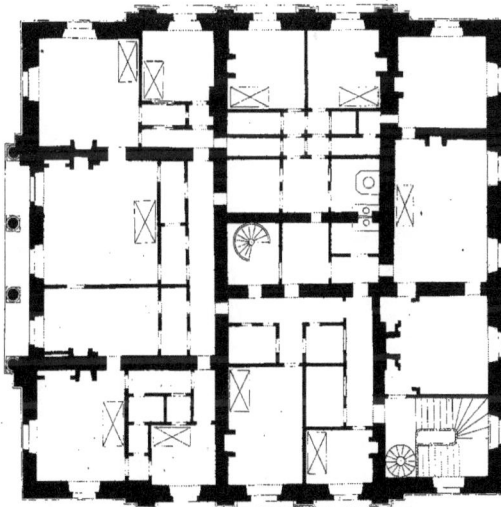

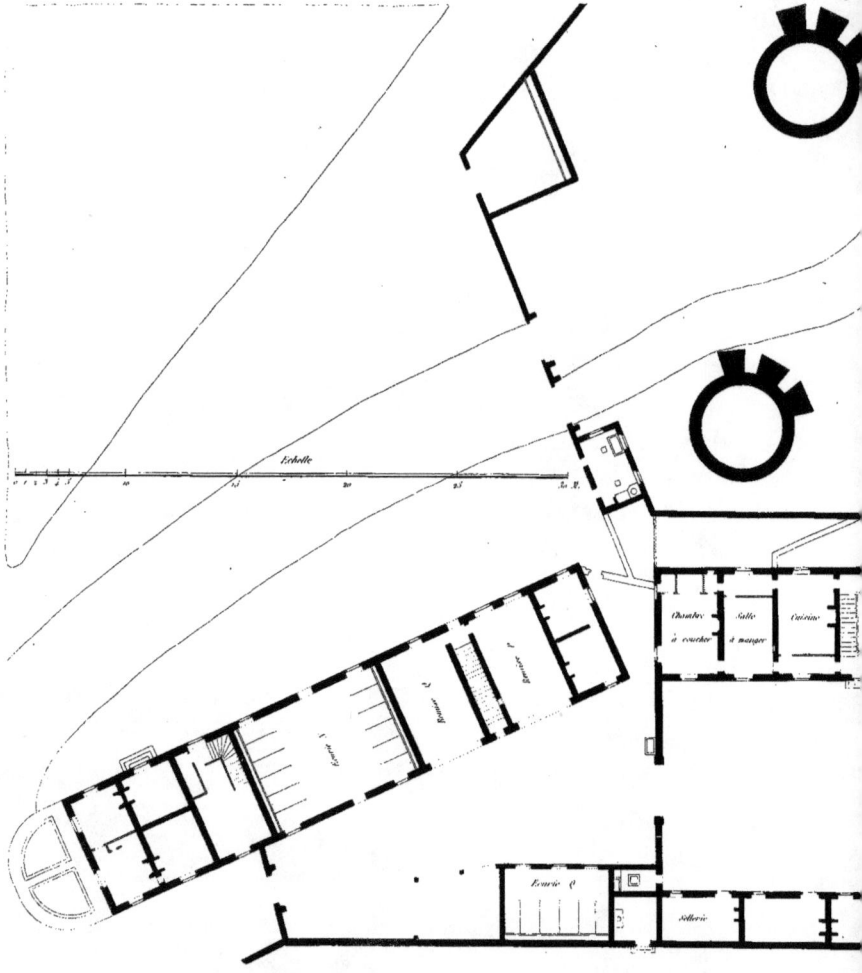

Echelle

Chambre à coucher

Salle à manger

Cuisine

Écurie

Écurie

Remise

Remise

Sellerie

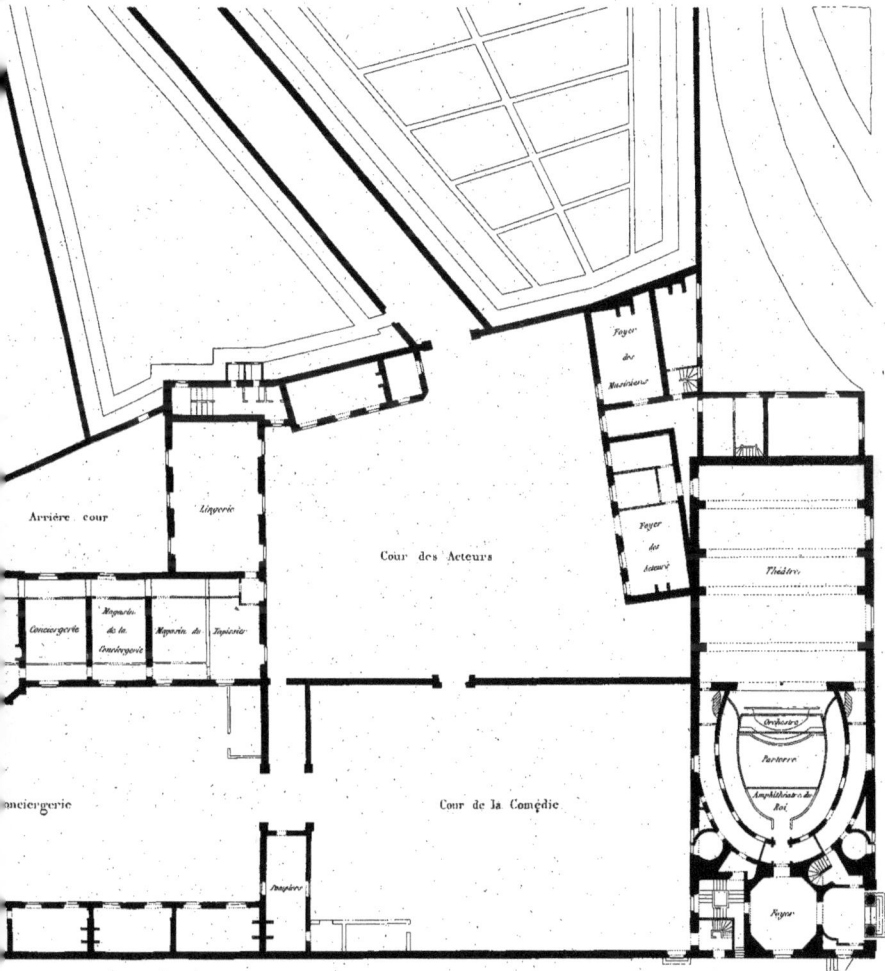

Arrière cour

Lingerie

Cour des Acteurs

Foyer du Musiciens

Foyer des Acteurs

Théâtre.

Concergerie

Magasin de la Garderobe

Magasin de Tapisserie

Orchestre

Parterre

Amphithéâtre du Roi.

onciergerie

Cour de la Comédie

Foyer

Pompière

Echelle

o 1 2 3 4 5   10   15   20   25   30 Mètres

logement du Concierge

3.º logement

2.º logement   Commun

Cour

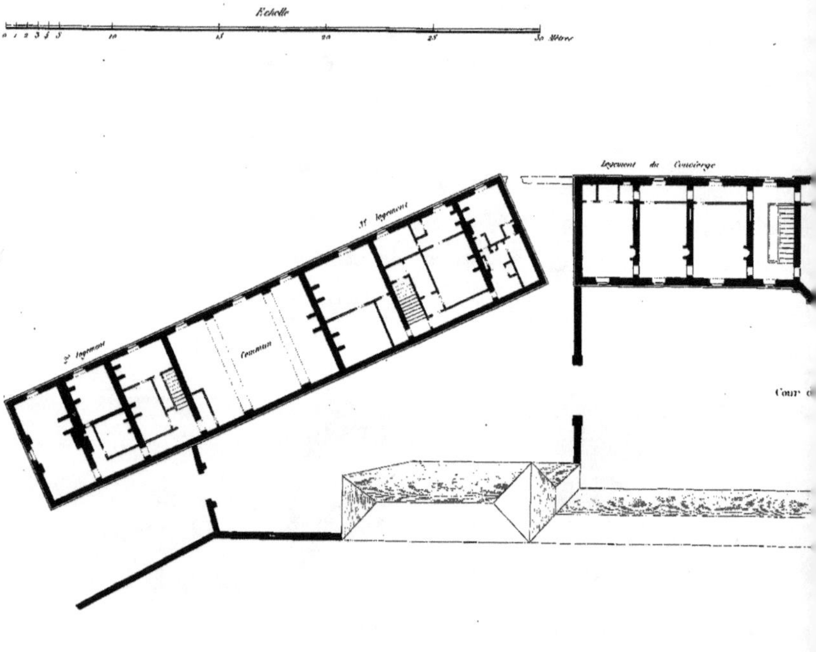

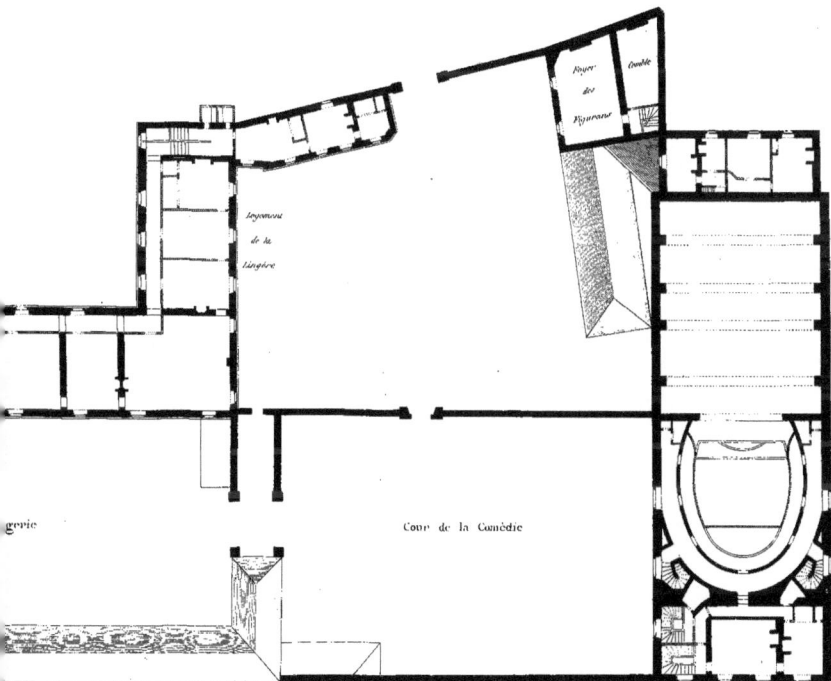

edie. Dépendances du Petit Trianon.

11.

Logement
de la
Lingère

gerie

Cour de la Comédie

Foyer
des
Figurans

Comble

Rez - de - Chaussée

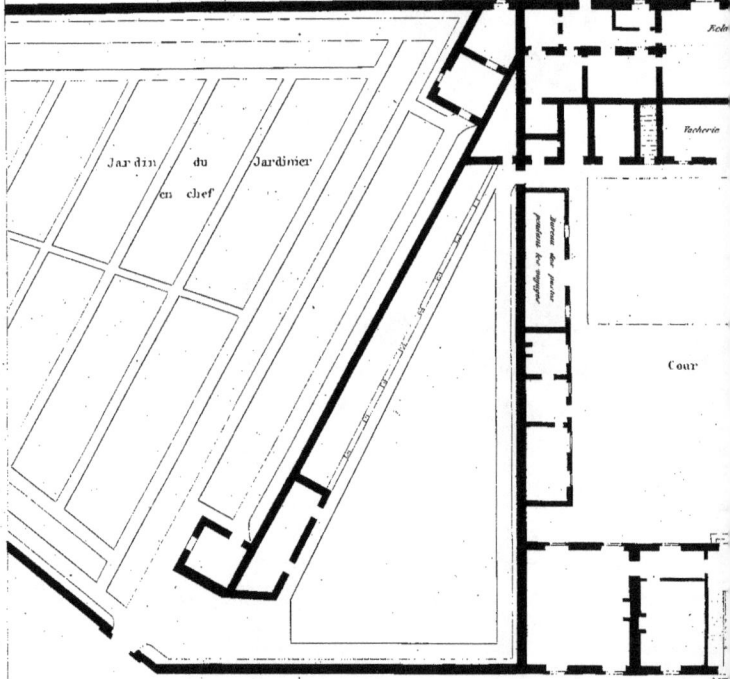

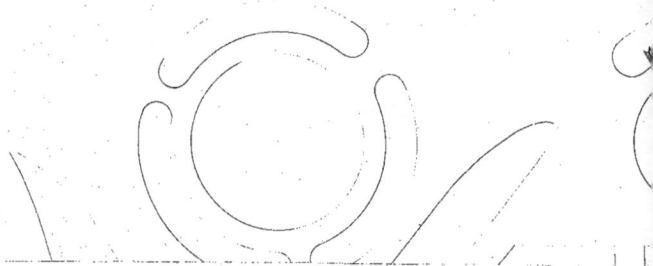

Écla

Pêcherie

Jardin   du   Jardinier
en   chef

Cour

Échelle

Caves

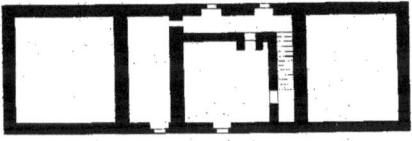

1.er Etage

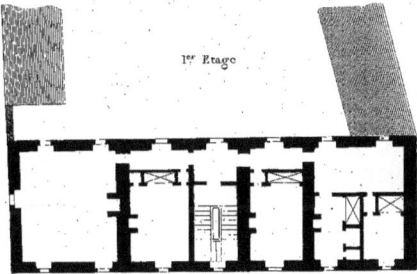

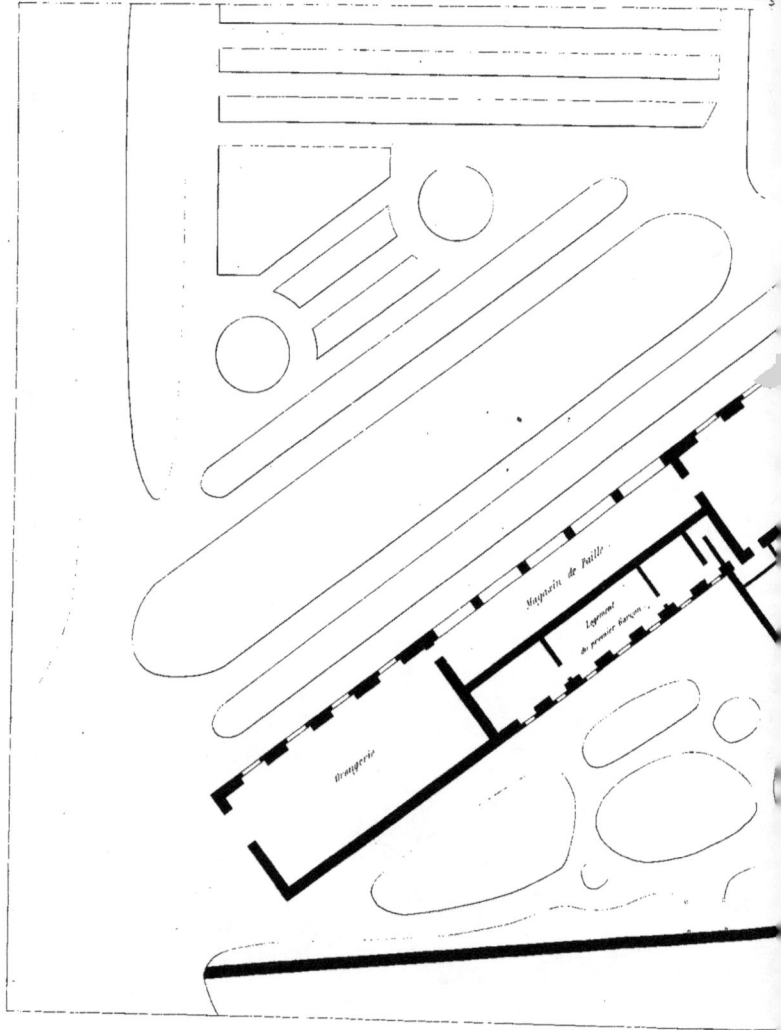

Magasin de Paille

Logement
du premier Garçon

Orangerie

1.

1ᵉʳ Étage

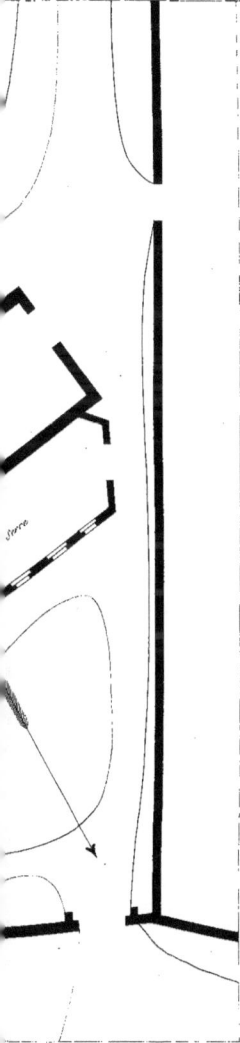

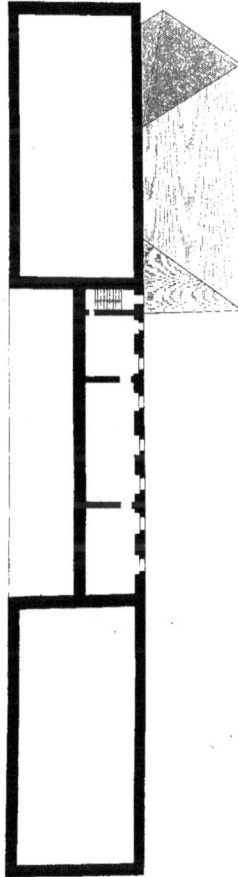

Serre

30   40 Mètres

Echelle

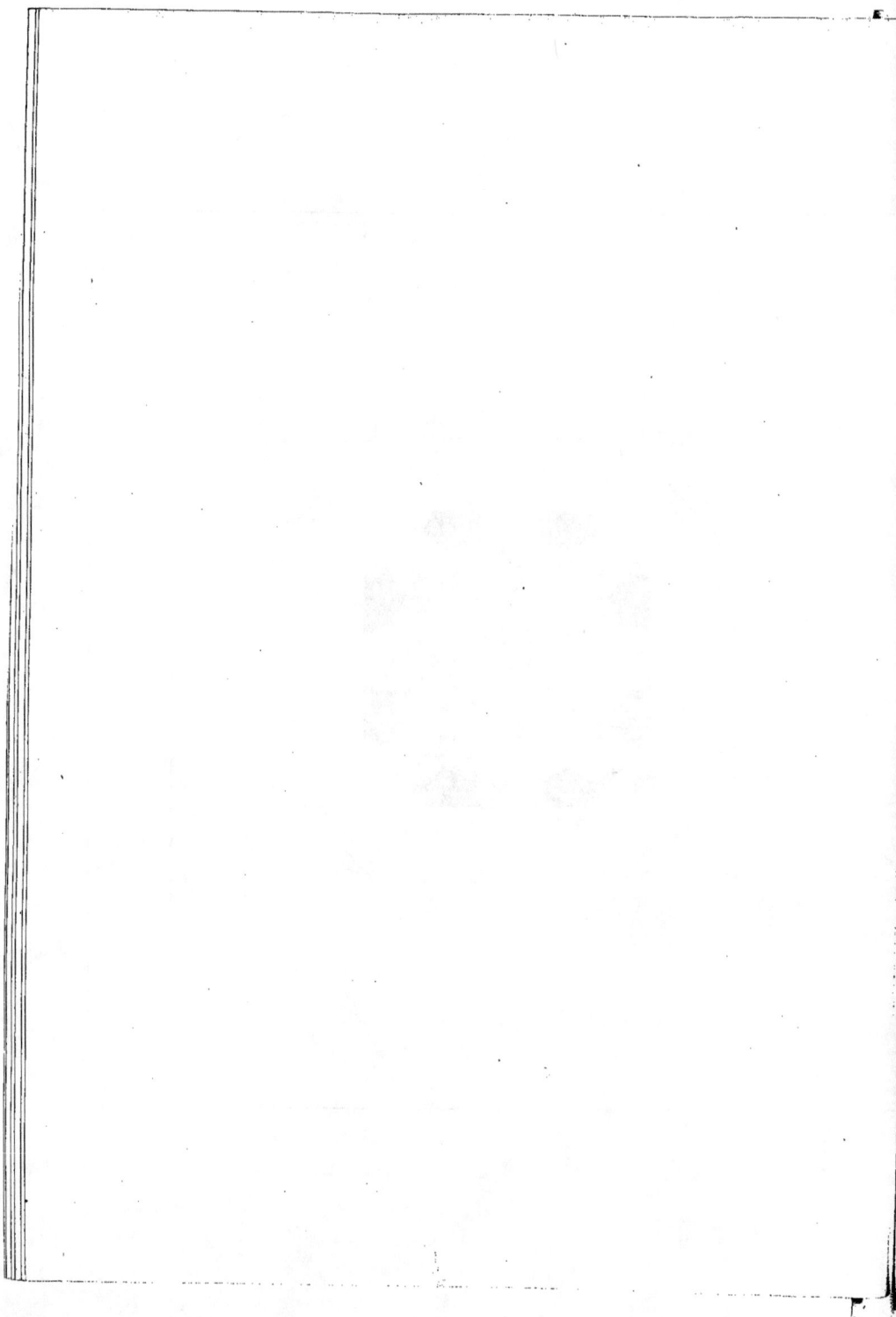

PALAIS DE TRIANON. 1841.

Plan du Salon Français. Dépendances du Petit Trianon.

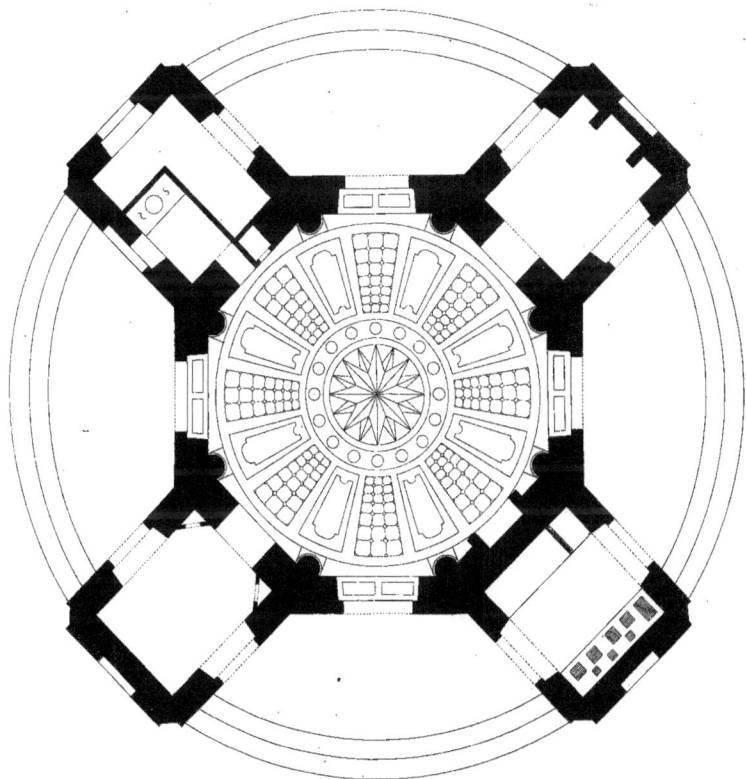

Echelle

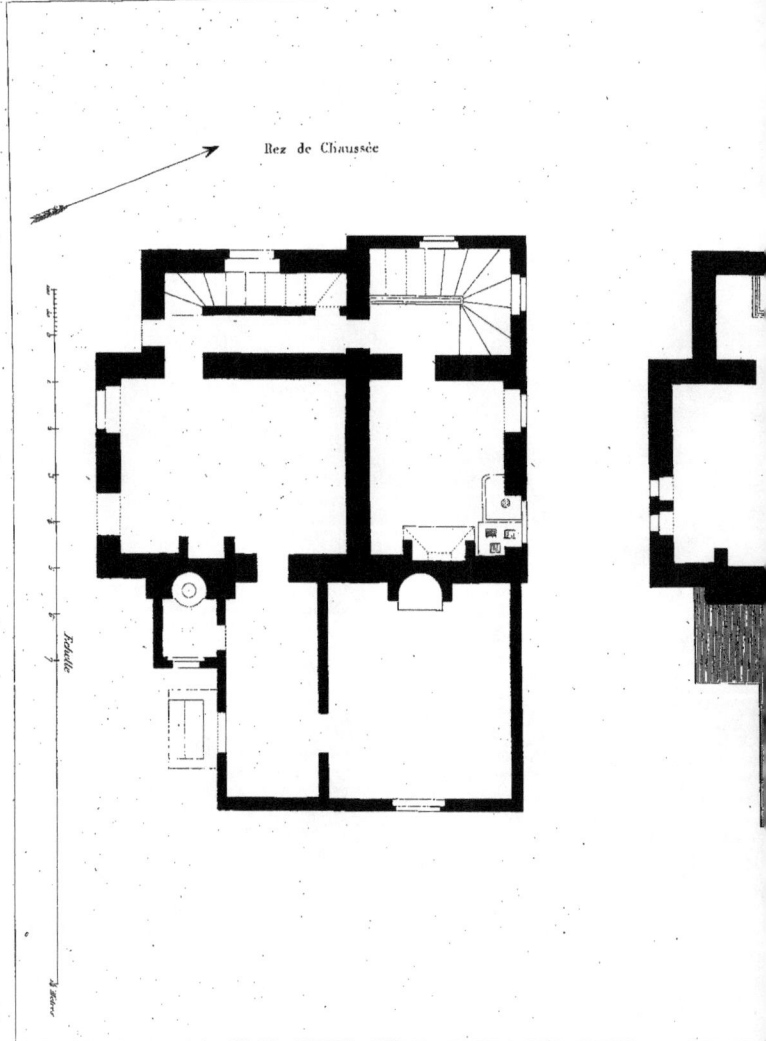

Rez de Chaussée

Echelle

Combles

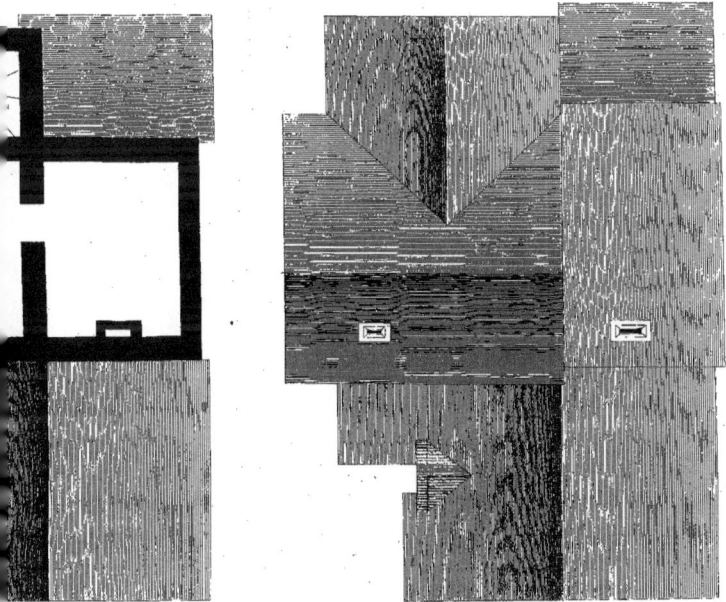

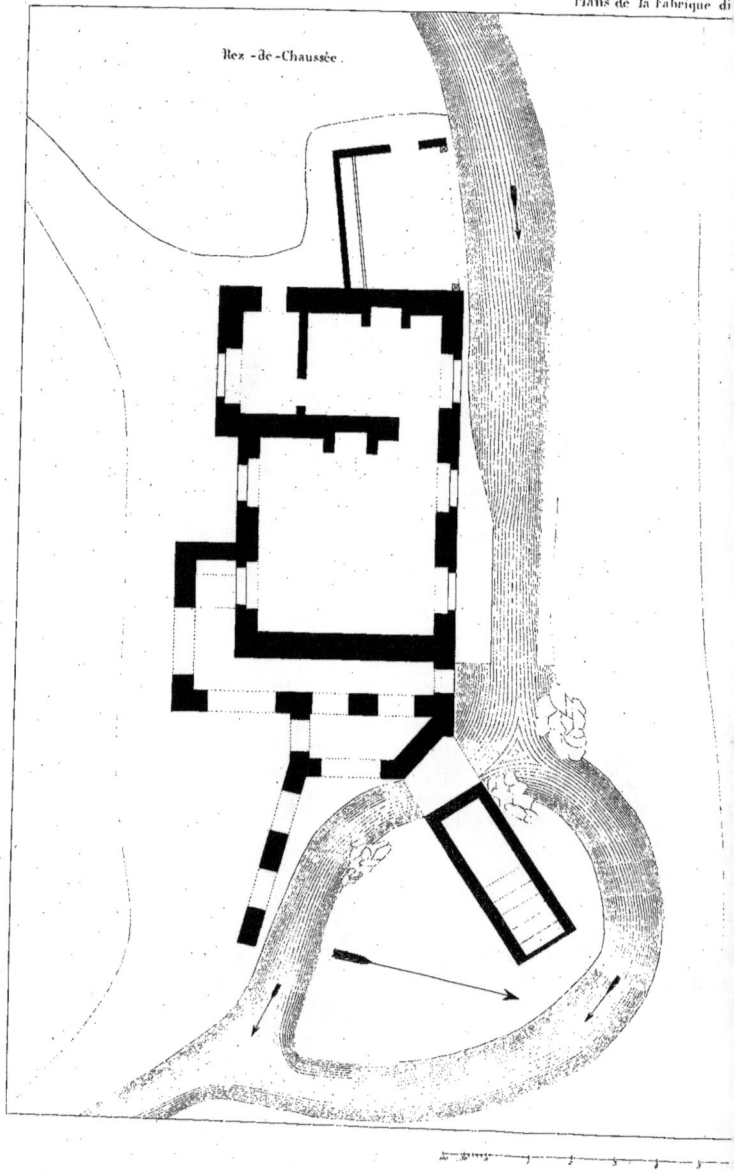

Rez -de -Chaussée.

1.ᵉʳ Etage

Combles

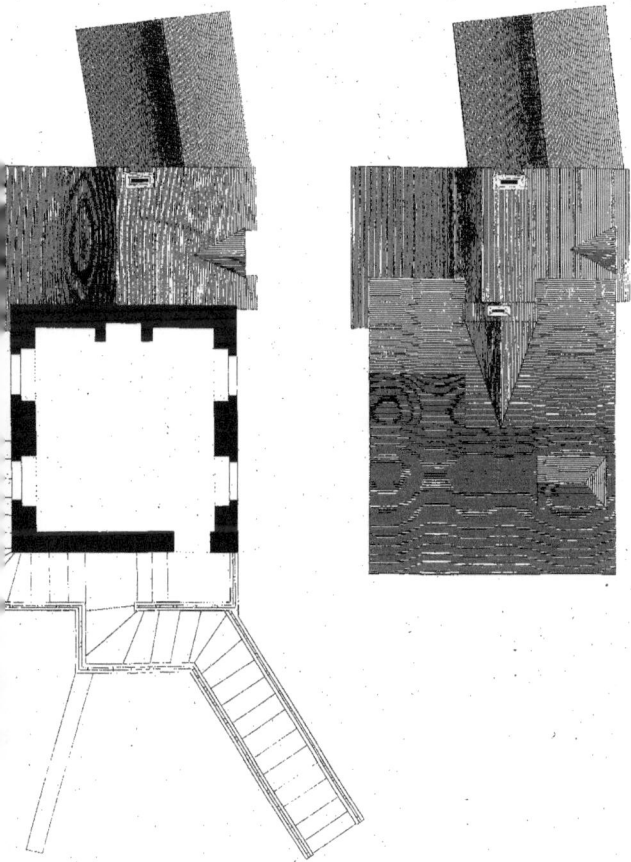

½ Mètre

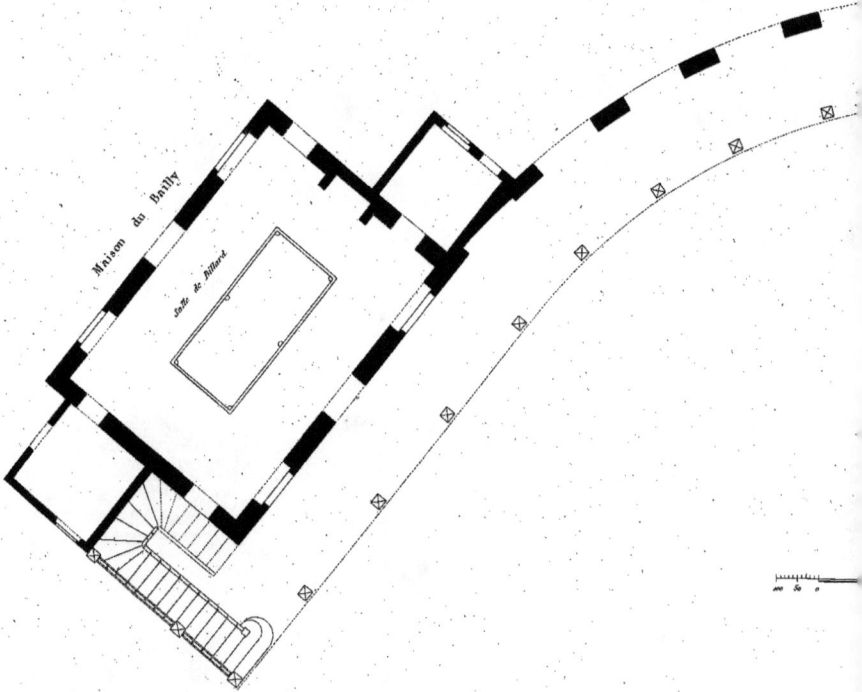

Plan de la Maiso

Maison du Bailly

salle de billard

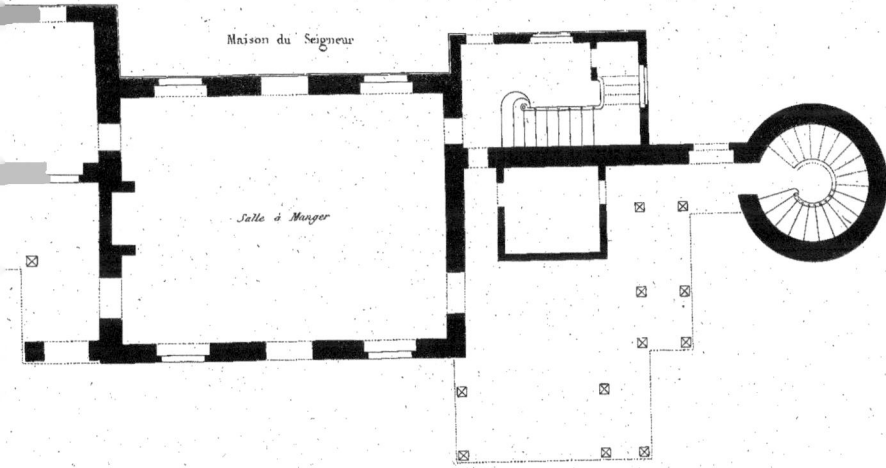

dances du Petit Trianon .

ce

Maison du Seigneur

Salle à Manger

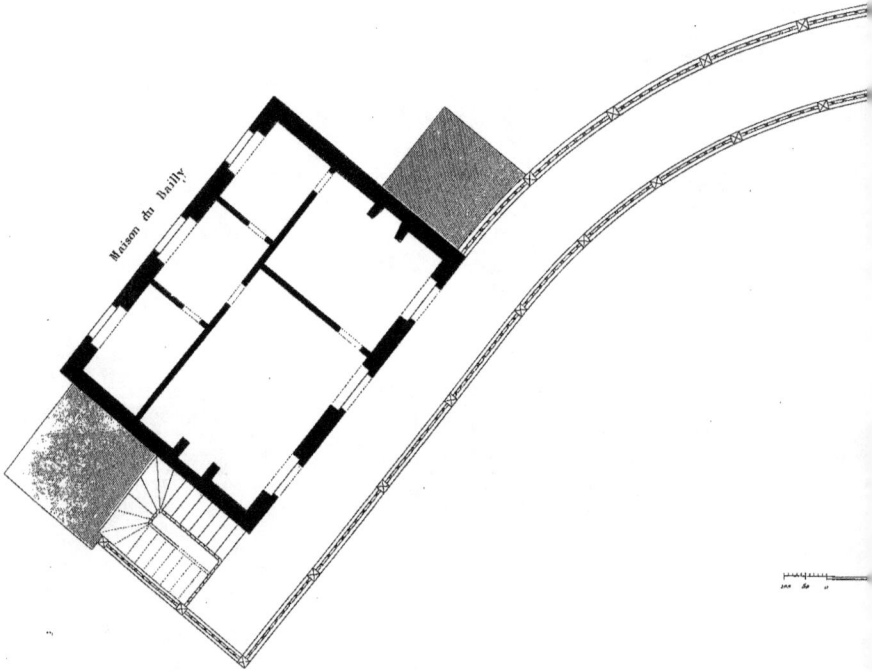

Maison du Bailly

49.

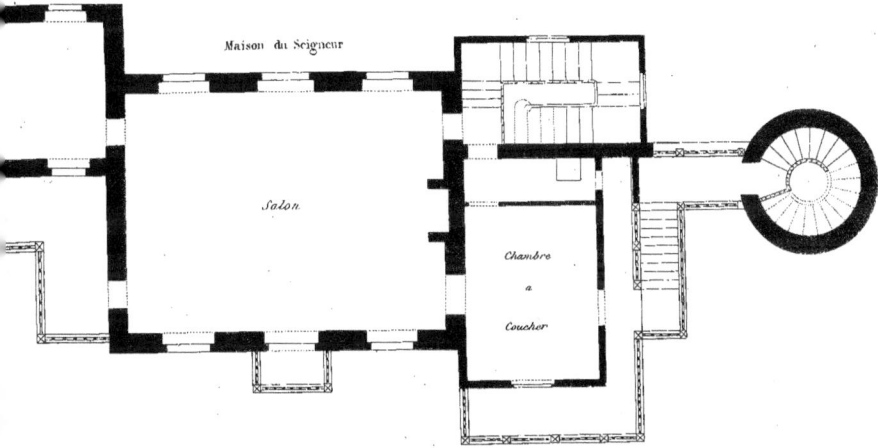

Maison du Seigneur

Salon

Chambre

a

Coucher

Echelle

4   5   6   7   4 Mètres

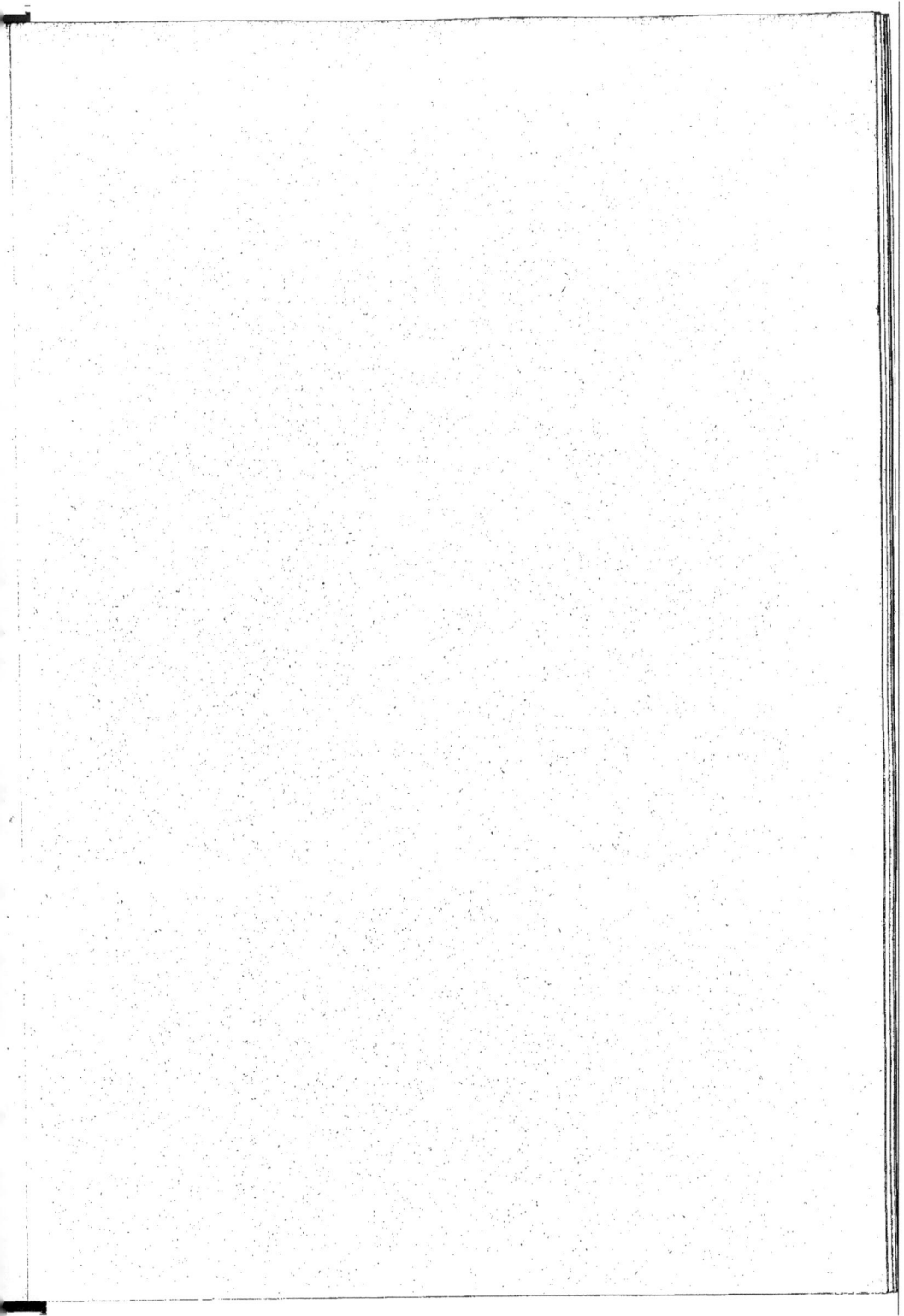

Comble de la Laiterie .

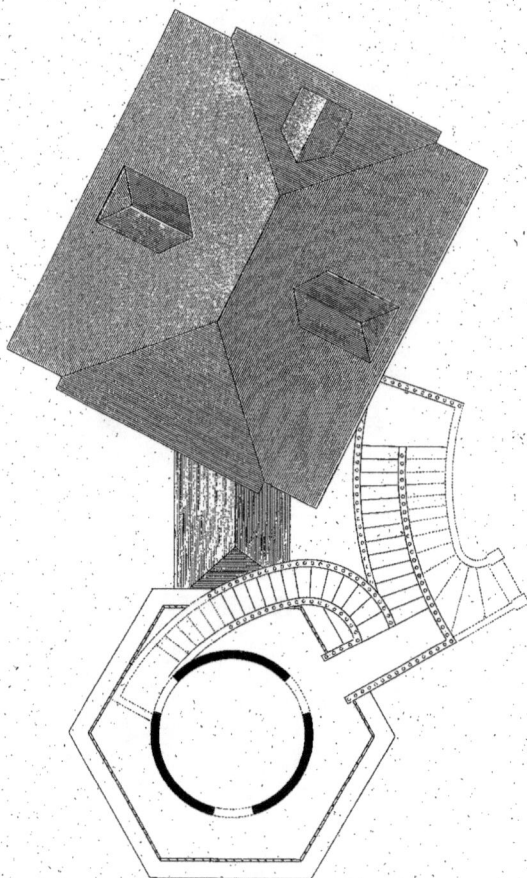

Dernier étage de la Tour .

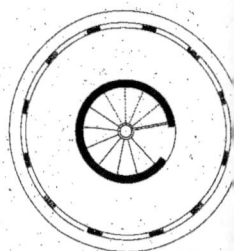

Etage de la Colonnade .

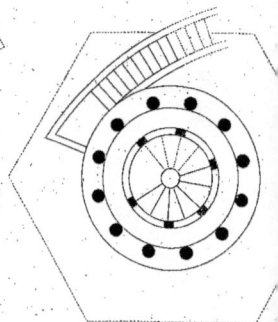

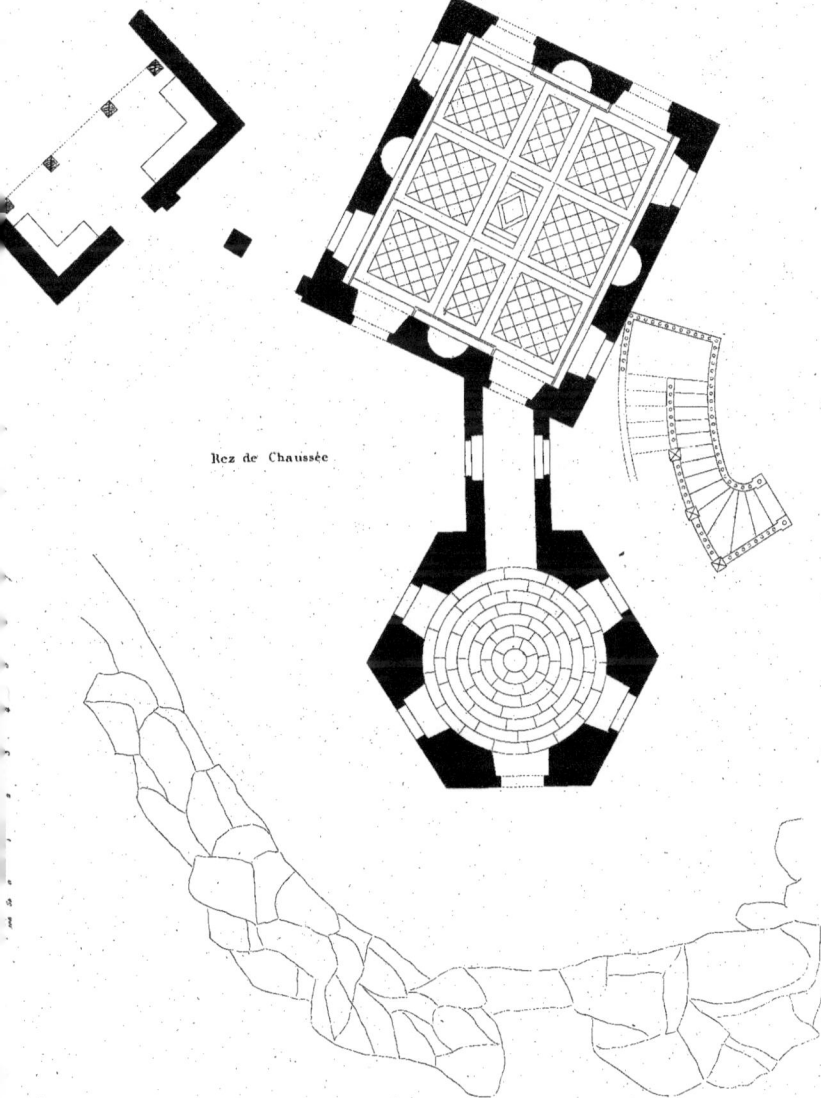

Rez de Chaussée

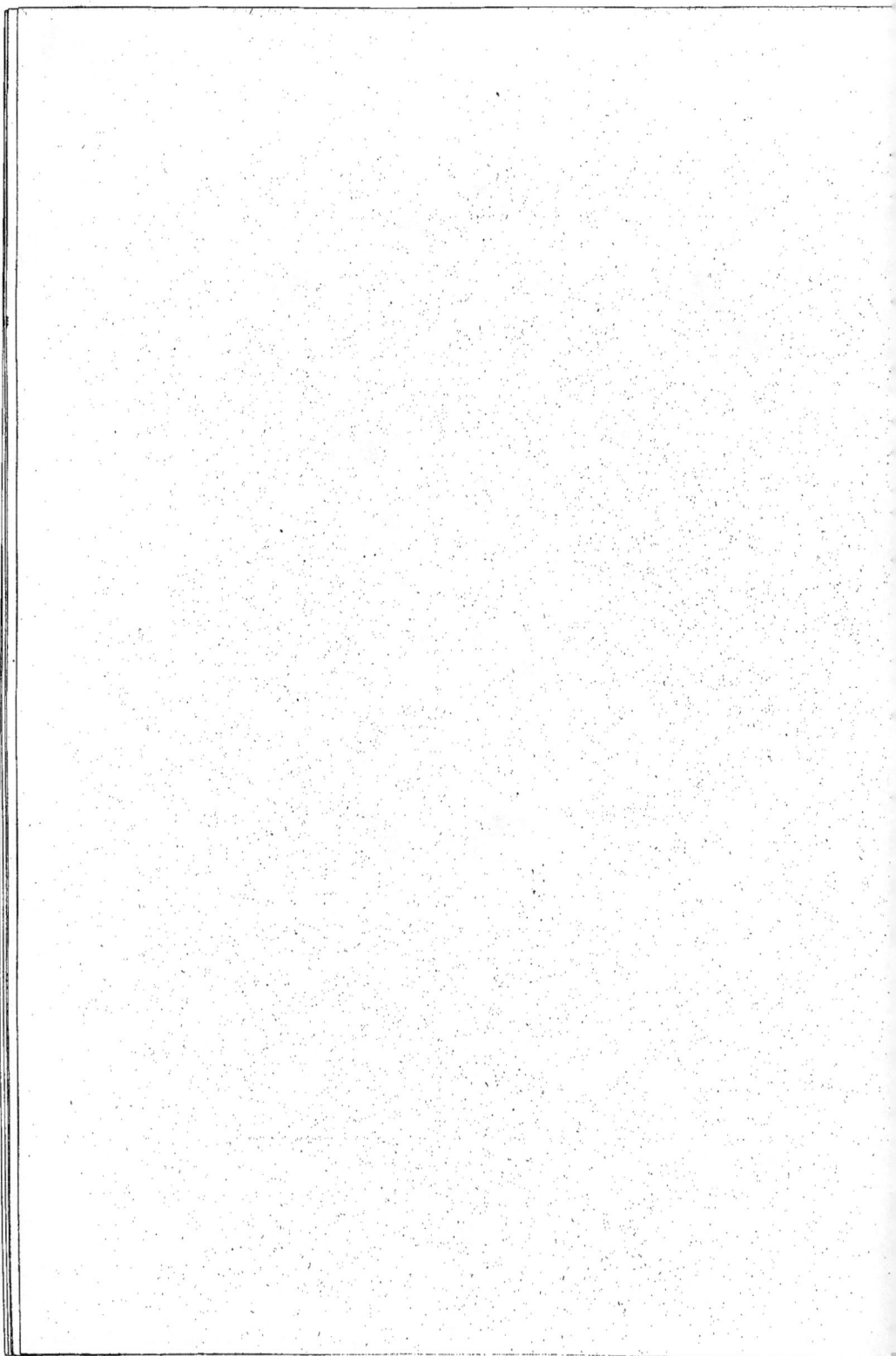

PALAIS DE TRIANON. 1841.

Plan du Temple de l'Amour. Dépendance du Petit Trianon.

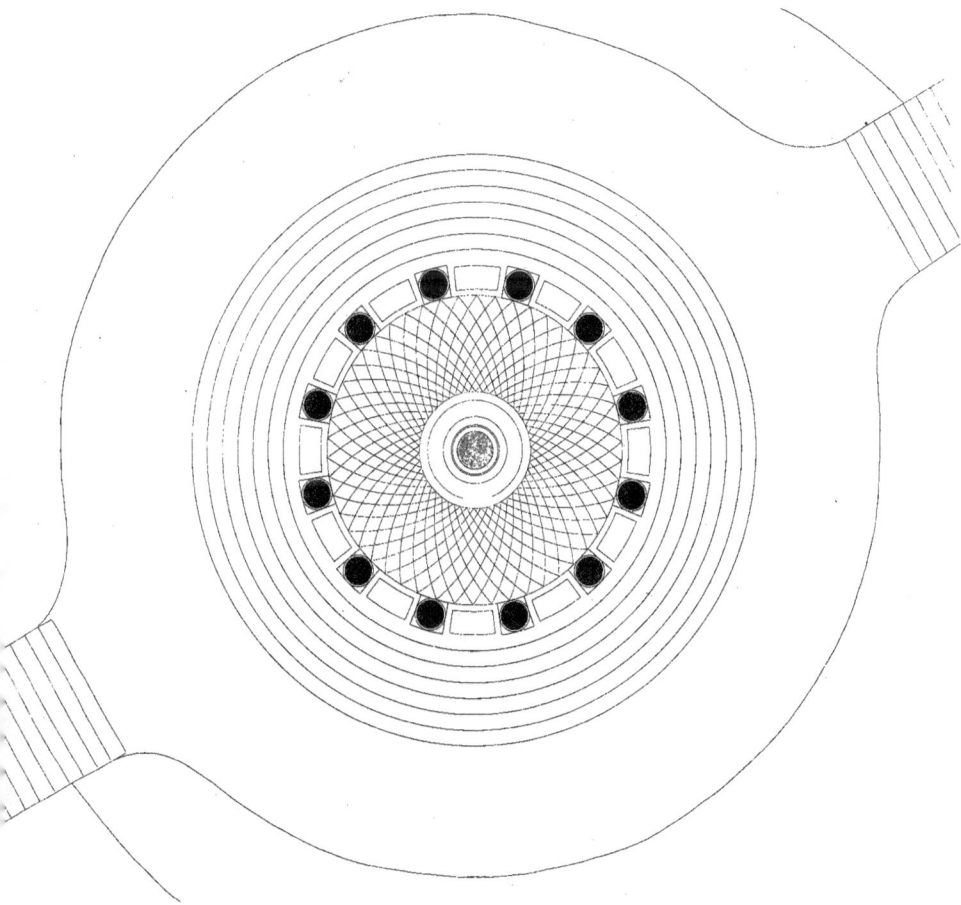

Échelle

14 Mètres

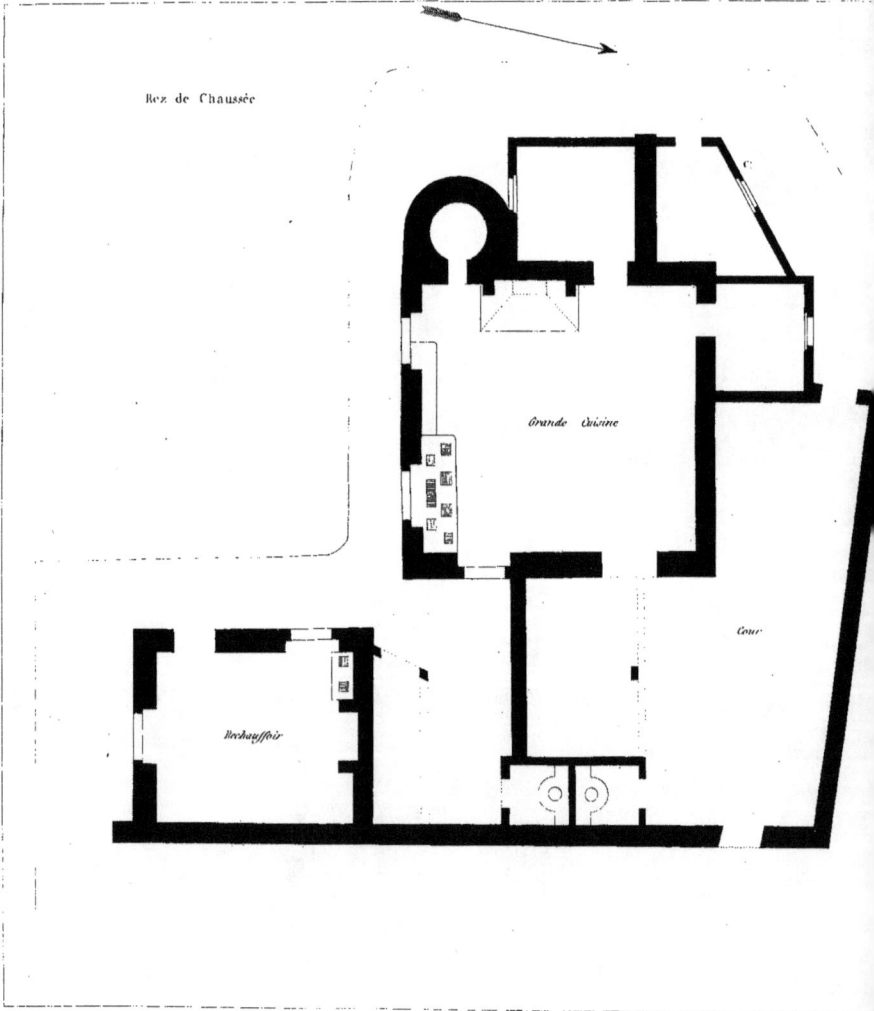

Rez de Chaussée

Grande Cuisine

Cour

Rechauffoir

Combles

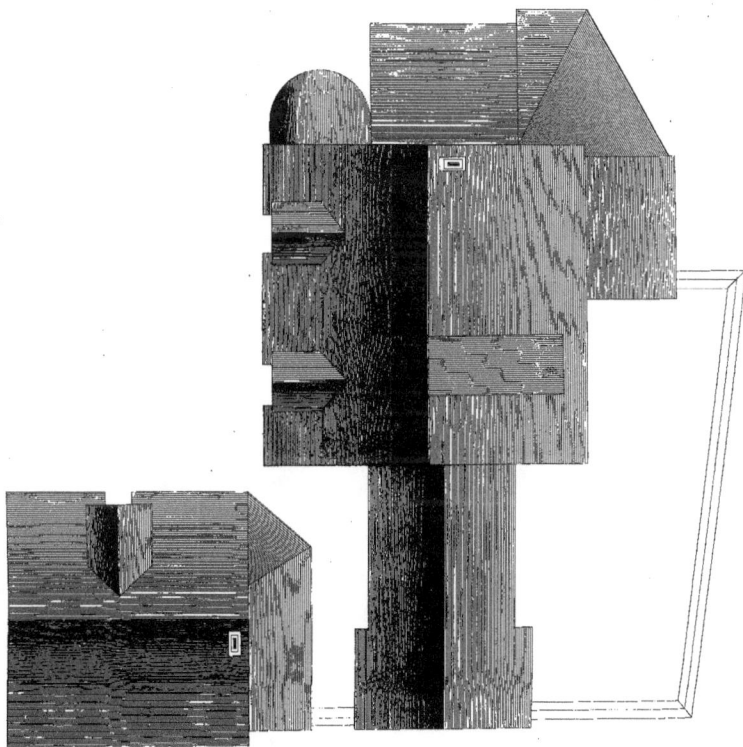

PALAIS DE TRIANON. 1841.

Plans de la Maison du Boudoir. Dépendances du Petit Trianon.

Comble

Echelle

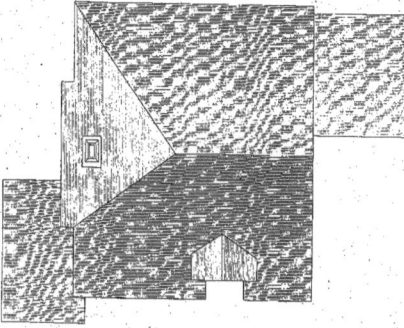

Rez-de-Chaussée

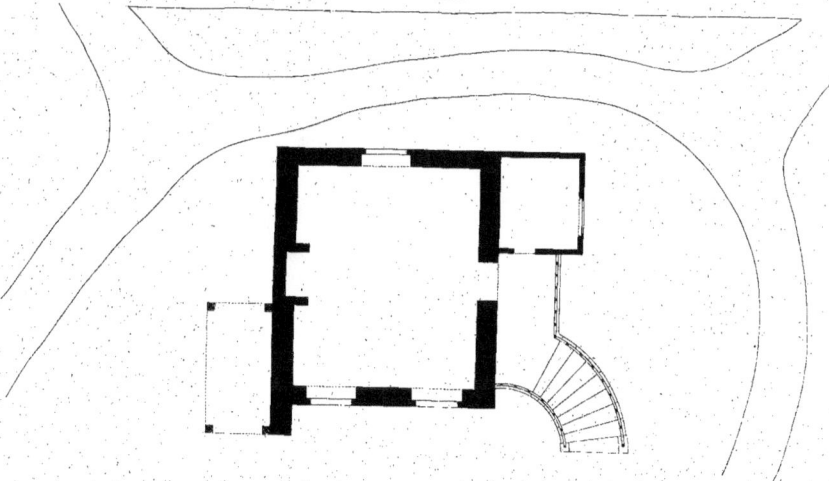

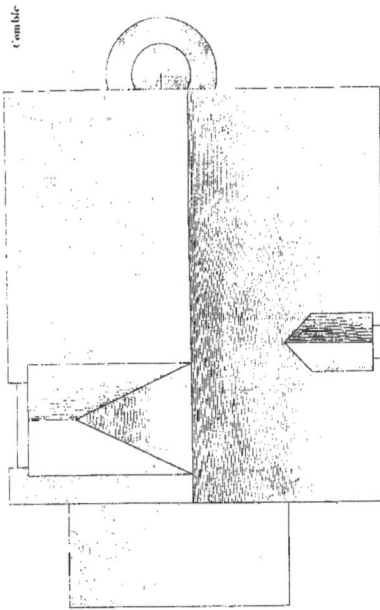

PALAIS DE TRIANON. 1841.

Plans du Presbytère. Dépendances du Petit Trianon.

Comble

Échelle

Grenier

Rez de Chaussée.

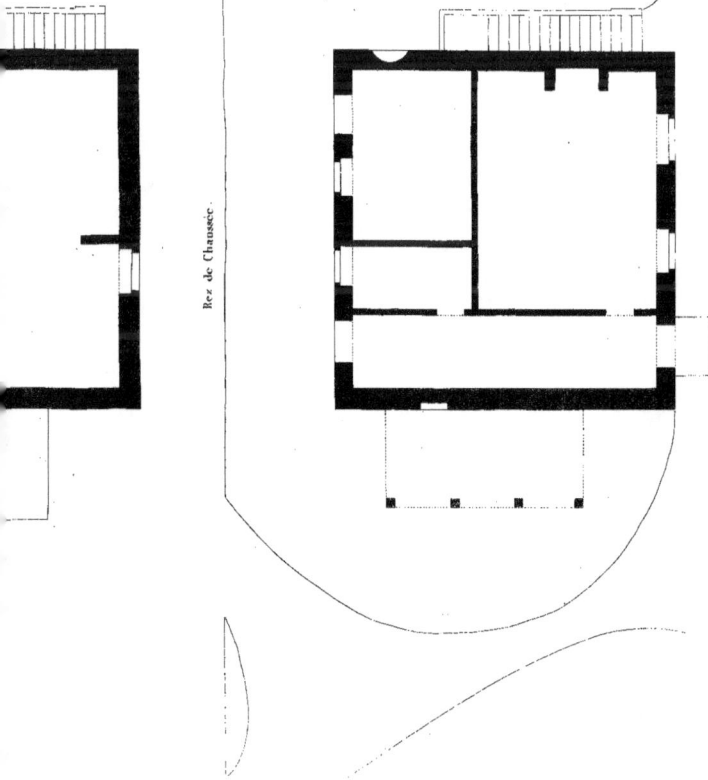

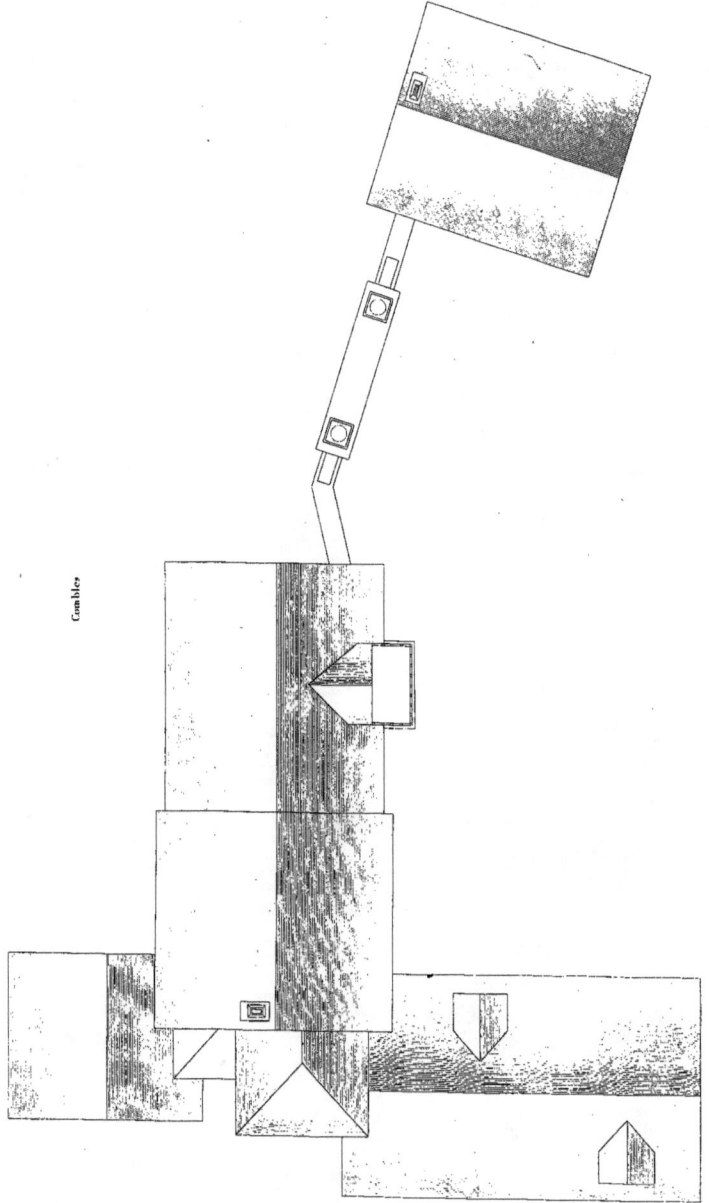

PALAIS DE TRIANON. 1841.

Plan de la Ferme du Hameau. Dependances du Petit Trianon.

Combles

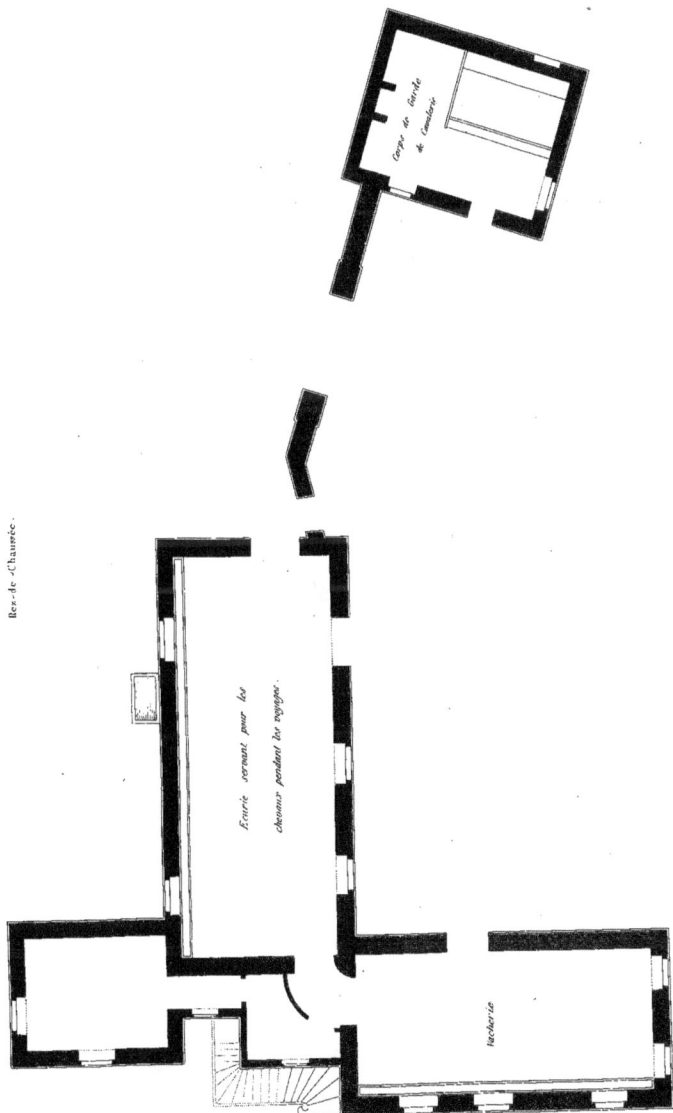

Rez-de-Chaussée.

Corps de Garde
de Cavalerie.

Écurie servant pour les
chevaux pendant les voyages.

Vacherie.

25

Plan du Corps de Garde et de la Loge du Portier de la Grille du Palis St Antoine.

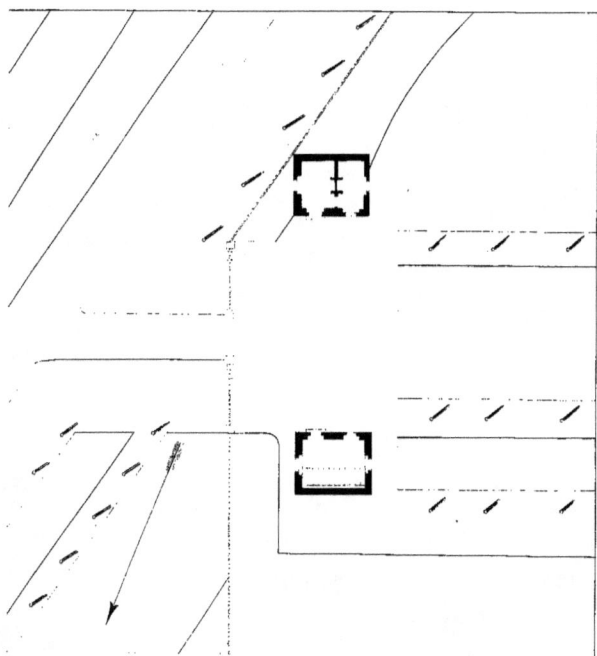

Plan du Corps de Garde et de la Loge du Portier de la Grille d'entrée du Grand Trianon.

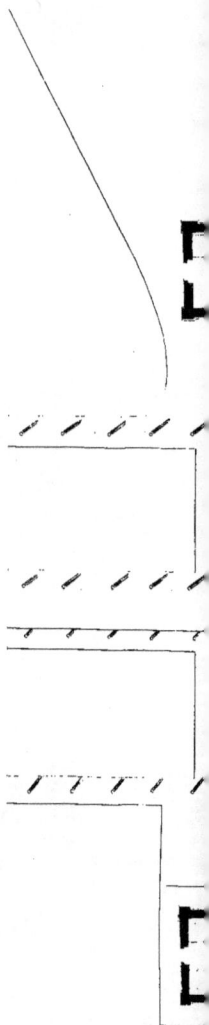

26

Plan du Corps de Garde de la Grille du Canal.

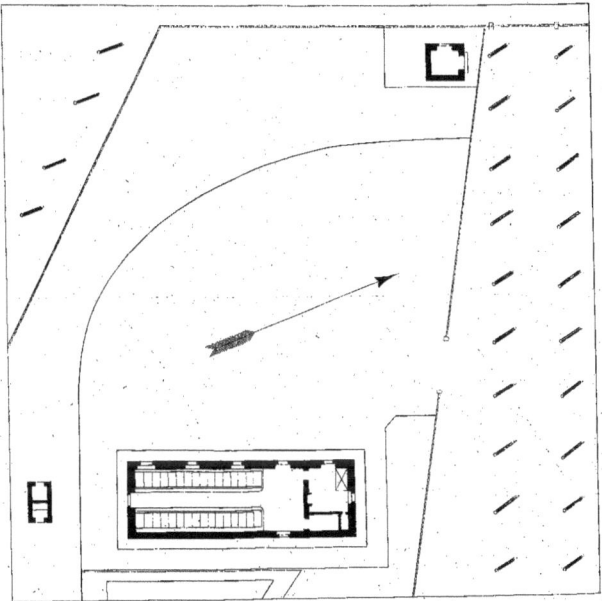

Plan du Corps de Garde du Chemin Creux.

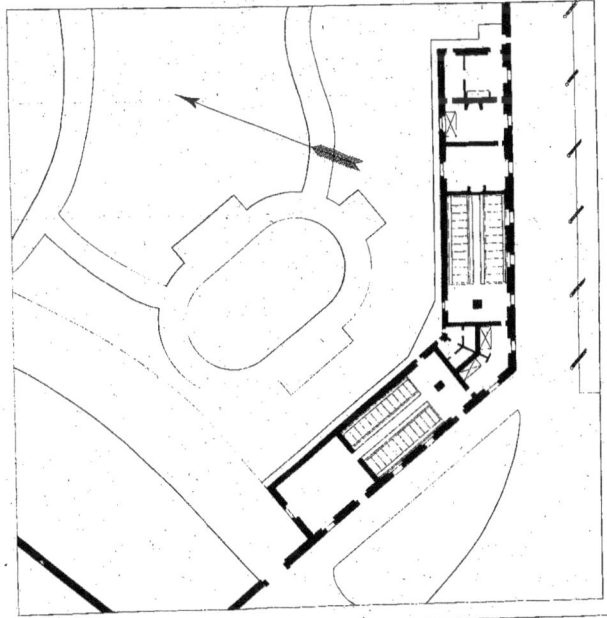

PALAIS

Plan du Corps de Garde des quatre picilles.

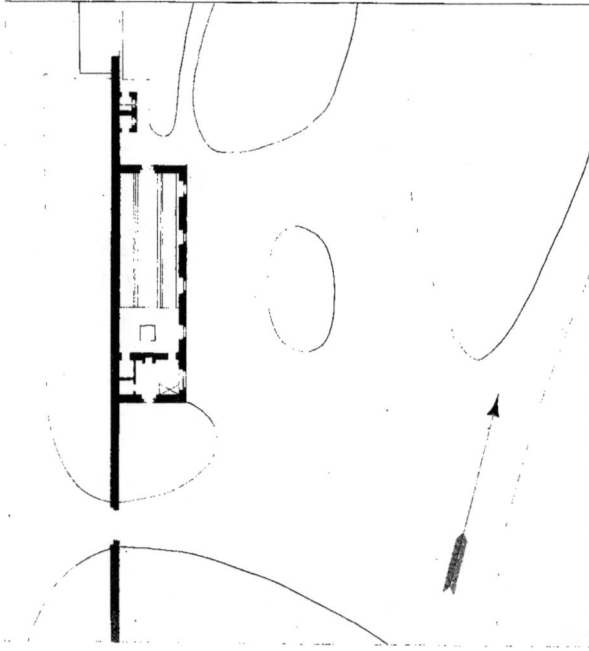

Plan du Corps de Garde du Chemin des Chasses.

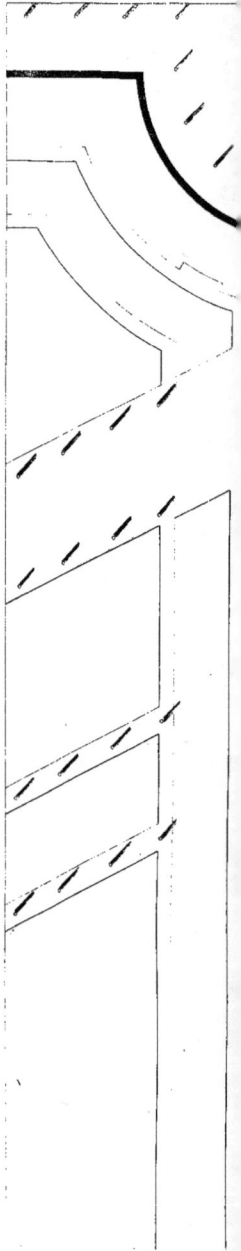

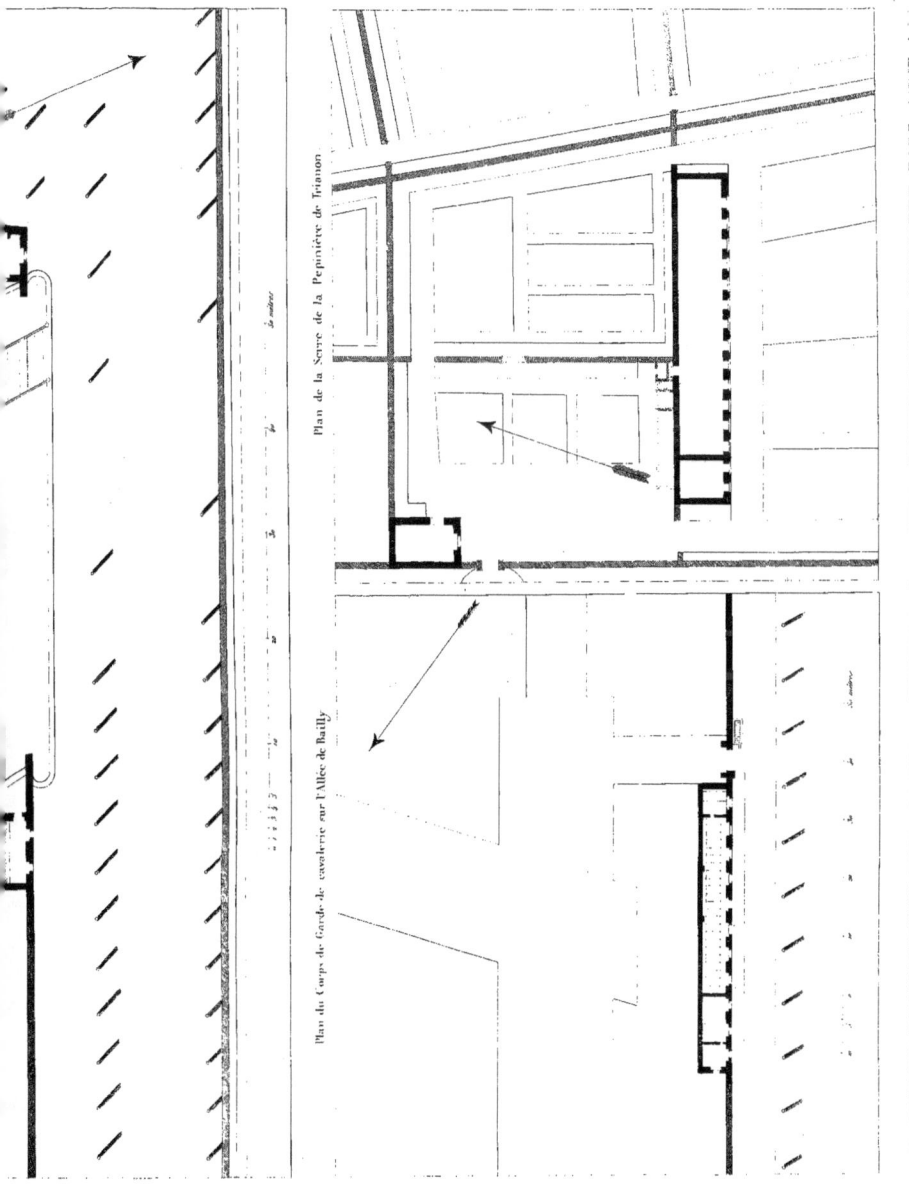

Plan de la Serre de la Pepinière de Trianon

Plan du Corps de Garde de cavalerie sur l'Allée de Bailly

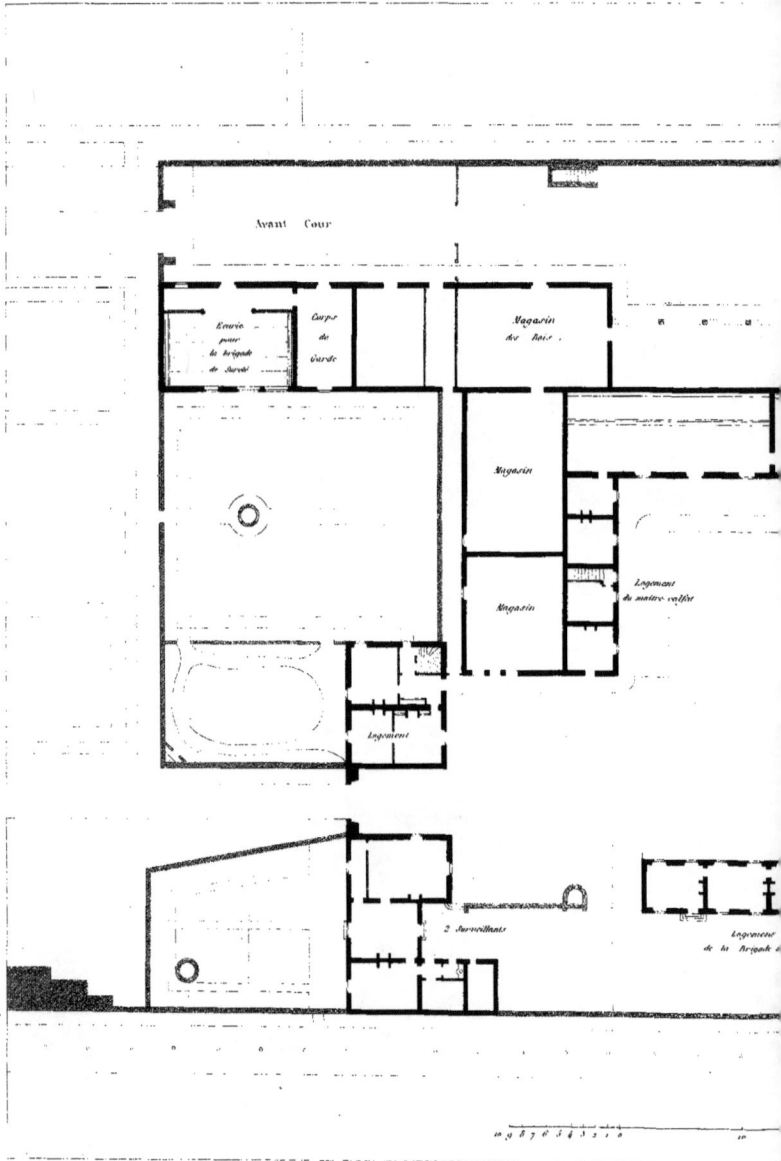

Avant Cour

Écurie
pour
la brigade
de Surveil

Corps
de
Garde

Magasin
du Bois

Magasin

Logement
du maître coffet

Magasin

Logement

2 Surveillants

Logement
de la Brigade

E

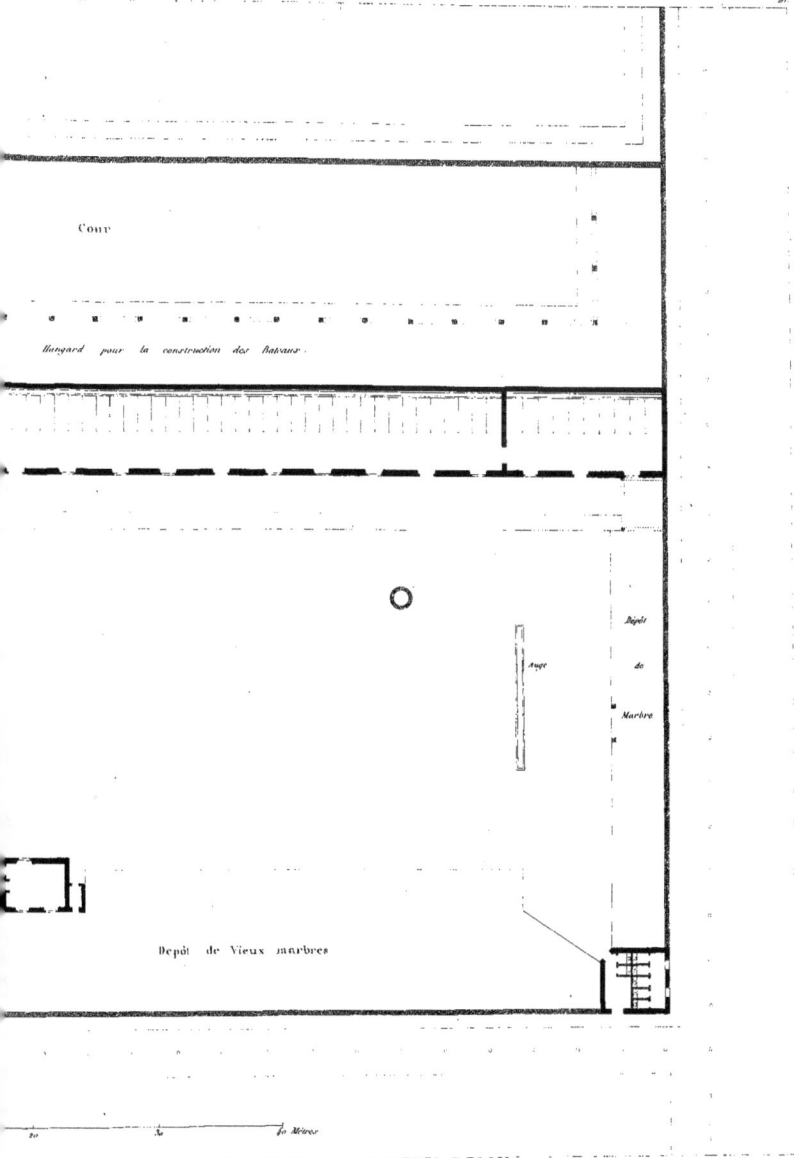

Cour

Hangard pour la construction des Bateaux.

Auge

Dépôt

de

Marbre

Dépôt de Vieux marbres

www.ingramcontent.com/pod-product-compliance
Lightning Source LLC
Chambersburg PA
CBHW071817090426
42737CB00012B/2125